PUNCH
DOUBLE CORONAS
PUNCH HABANA
HABANA
PUNCH

Eric Deschodt
Philippe Morane

Zigarren

Einleitung: Philippe Morane

Fotografien:
Jacques Boulay, Patricia Canino
Karine Veyrunes

Bildgestaltung: Françoise Pace

KÖNEMANN

MONTECRISTO
HABANA

INHALTSVERZEICHNIS

Gegenüberliegende Seite: Montecristo A (*especial*)

BOLIVAR
SIMON BOLIVAR
HABANA
MADE IN HAVANA, CUBA

Einleitung

Kuba gebührt in der Welt der Zigarren der erste Platz, und dies aus drei Gründen. Erstens wurde die Zigarre dort, zur gleichen Zeit wie der Tabak, von Christoph Kolumbus entdeckt. Zweitens wurde der kubanische Tabak gleich von Anfang an als allen anderen überlegen erachtet, und die Meinung der Kenner hat sich in den vergangenen fünf Jahrhunderten nicht geändert. Drittens hat der Tabak in Kuba seine eigene Geschichte, die mit der der Insel eng verknüpft ist. Kuba ist das einzige Land der Erde, wo die Tabakpflanze das Staatswappen zieren könnte, wie das Ahornblatt jenes von Kanada. Ende des vergangenen Jahrhunderts, im Unabhängigkeitskrieg, in welchem die *tabaqueros*, die Tabakbauern, sich zu Stoßtrupps zusammenschlossen, schmückte die Tabakpflanze die Fahnen der sich gegen Spanien auflehnenden Patrioten. Und in jüngerer Zeit stellte Che Guevara fest: »Der Tabak gehört uns.«

»Uns« will heißen: der ganzen Welt, jedoch bedarf es einer näheren Betrachtung des Wandels, dem das Bild des Rauchers in der Gesellschaft des 19. und 20. Jahrhunderts unterworfen war. Er verkörperte den sozialen Aufstieg, galt als elegant und wurde gerne in der Presse dargestellt – vor allem in Satireblättern. Mit ihm verband sich das Bild eines zufriedenen Chefs in Hemdsärmeln, Symbol des triumphierenden Kapitalismus und der Ausbeutung des Volkes.

Vorhergehende Seiten: Violeta läßt sich Feuer geben.

Gegenüberliegende Seite: Zigarrenkiste Bolivar, Havanna, Kuba.

Dann wurde die Havanna-Zigarre in den Vereinigten Staaten verboten, und in Europa herrschte Lebensmittelknappheit. Dennoch gewann die *puro* (Zigarre) an Anziehungskraft, und die Zahl der Zigarrenraucher, die sich in Verbänden zusammenschlossen, wuchs. Spezielle Zeitschriften – *Cigar Aficionado* in den Vereinigten Staaten, *L'Amateur de cigare* in Frankreich, *Épicur* in Spanien etc. – wurden gegründet. Die Rauchersalons in Restaurants, Bars und Hotels wurden zahlreicher.

Etwaige Tabus verstärkten die Begierde der ohnehin leidenschaftlichen Raucher. Zigarre rauchen ist ein Vergnügen, aber auch ein Zeichen der Offenheit: Der Raucher möchte seine Lust mit anderen teilen.

Stéphane Mallarmé, Dichter und Vertreter des Symbolismus des 19. Jahrhunderts, ein großer Zigarrenliebhaber, den sein enger Freund Edouart Manet mit der Zigarre in der Hand porträtierte, kann als Wegbereiter angesehen werden. In einem Fragebogen von Marcel Proust gab er unumwunden zu:

– Ihr Lieblingstraum? *Träumen.*

– Ihr größtes Unglück? *Keine Zigarre anzuzünden.*

Selbst nach dem Genuß scheint unsere Leidenschaft nicht erlöschen zu wollen.

Philippe Morane

Ein Geschenk des Himmels

Jedes Verlangen wird einmal enttäuscht, unabhängig davon, welchem Vergnügen man frönt. Liebe braucht einen Partner – Selbstbefriedigung ist keine Liebe – die Spielerei führt in den Ruin, die Schlemmerei zur Fettsucht … Ausnahmen gibt es keine. Zum Segeln braucht man ein Boot, zum Jagen ein Gewehr – oder ein Pferd. Die Sammlerfreuden gehören zu den frustrierendsten (dem Sammler wird immer die blaue Mauritius fehlen). Reichtum anzuhäufen ist ein endloses Unterfangen: Je näher man dem Ziel zu kommen scheint, desto weiter entfernt es sich.

Objekte wahrer Wonne sind auf Erden eher rar: Die großen Weine können – welch schrecklicher Gedanke – getrunken werden, um den Durst zu löschen – eine Infamie fürwahr! Die Zigarre wird ausschließlich geraucht. Rauchen ist ein Vergnügen, und das Rauchen einer Zigarre das höchste von allen.

Die Zigarre begünstigt sowohl die Einsamkeit als auch den Kontakt. Ihr Rauch trennt und verbindet – bald Maske, bald Band. Die Zigarre ist ein Instrument der Abkapselung und des Teilens. Sie kann nur in Frieden geraucht werden, wie sie auch Frieden ausstrahlt. Welcher Staatsmann indes kann sich seiner rühmen, ohne zu lügen?

Die Erfindung der Zigarre übertrifft alles andere, weil sie nichts kostete. Ihre Einfachheit steht den größten Erfindungen menschlichen Geistes an Erhabenheit in nichts nach. Ein reines Naturprodukt, frei von jedem künstlichen Zusatz. Allein die vier Elemente – Erde, Feuer, Wasser, Luft – greifen neben der Hand des Menschen in ihre Entstehung und Entfaltung ein. Die Zigarre, ein natürliches, homogenes und harmonisches Ganzes: Tabak in Tabak, nicht mehr und nicht weniger. Eine wahre Zigarre kommt nicht aus der Maschine. Sie kommt einzig und allein mit der Hand des Arbeiters, dem Holz der Kiste, der Hand und den Lippen des Rauchers in Berührung, bevor sie sich in anregenden und aufmunternden Rauch verwandelt.

Der Tabak eroberte die Welt sehr schnell, die Verbreitung der Zigarre ging sehr langsam vonstatten. Ein umso verblüffenderer Unterschied, da Tabak zuerst nur in Form von Zigarren geraucht wurde. Die Pfeife ist mehr und mehr aus der Mode gekommen, die Zigarette ein modernes Produkt, die Zigarre hingegen stammt aus grauer Vorzeit. Wie viele Jahrtausende lang mag sie ihren Erfindern, den Indianern, geholfen haben, die Schwierigkeiten des Lebens zu meistern?

Gegenüberliegende Seite: Maria, Tochter Yemayas, Mädchen des Meeres und Königin der Havanna, 1995.

Folgende Seite: »Große Fabrik von feinem, exquisitem Tabak«, eine Banderole mit eindeutig tropischem Flair.

GRAN FABRICA DE TABACOS FINOS
ESQUISITOS

COLONIAL
DEP. Nº 2539.

Kapitel

I

Eine Geschichte

FLOR

Christoph Kolumbus entdeckte im Jahre 1492 die Zigarre zusammen mit der Neuen Welt. Man kann heute noch darüber streiten, ob die Entdeckung der letzteren ein glücklicher oder ein unglücklicher Umstand war, diejenige der Zigarre ist hingegen eine der erfreulichsten in der Menschheitsgeschichte. Sie alleine schon rechtfertigt die Entdeckung des amerikanischen Kontinents. Die Bildung dieses wunderbaren Bandes der Abhängigkeit zwischen Alter und Neuer Welt wischte die Schamlosigkeit der Eroberung und die Exzesse der Eroberer hinweg, wenn auch das Geschenk der Zigarre, weit wertvoller als das Gold der Azteken und Inkas, die Untaten der Europäer – ein Undank der besonderen Art – an den amerikanischen Ureinwohnern nicht ungeschehen machen kann.

Christoph Kolumbus, gen Westen segelnd, wußte, daß er unbekannten Boden betreten würde, und war darauf gefaßt, verblüffende Fremdartigkeiten vorzufinden. Die Zigarre war die erste. Am 4. November 1492 gingen Rodrigo de Jeres und Luis de Torres als Gesandte des Admirals in Kuba an Land. Sie waren die ersten Weißen, die das neue Paradies betraten. Der Admiral schrieb nach ihrer Rückkehr an Bord:

Ob Chistoph Kolumbus wirklich so ausgesehen hat wie auf dem obigen Porträt, ist umstritten. Als sicher gilt jedoch, daß er sowohl den Tabak wie die Neue Welt entdeckte.

»Die Gesandten stießen auf eine große Anzahl Indianer, die in der Hand ein kleines, glimmendes Holzstück hielten, um eine bestimmte Sorte Gräser anzustecken, mit denen sie sich ihrem Gebrauch gemäß einräucherten.«

1493 kehrte Kolumbus nach Europa zurück, und der Tabak bekam seinen ersten Märtyrer. Auf einer Straße in Madrid wird Luis de Torres rauchend – eine Zigarre hoffentlich, es gibt guten Grund zu dieser Annahme, denn die Pfeife war unbekannt – von der Inquisition verhaftet und wegen Hexerei zu zehn Jahren Gefängnis verurteilt. Doch sollte der Tag kommen, an dem der spanische Klerus die besten Zigarren der Welt zum eigenen Gebrauch herstellen ließ.

Amerigo Vespucci landete auf der Insel Margarita vor Venezuela, wo er auf Tabak kauende Indianer traf. Einer seiner Briefe aus dem Jahre 1507 ist das erste Schriftstück, in dem das Wort Tabak erscheint. 1519 erreichte Cortés Mexiko; die Azteken rauchten vor allem Pfeife, vielleicht waren es Zigarrenspitzen, in denen gerollte Tabakblätter steckten. 1520 zirkulierte der Tabak in einigen spanischen Häfen, so Sevilla, Cádiz, Moguer und Cartagena, und im portugiesischen Lissabon. 1525 ist das *Chanson des pilotes* des Reeders und Freibeuters Jean Ango, der zwei Jahre zuvor den Florentiner Verrazano nach Nordamerika geschickt hatte, voll des Lobes für den Tabak:

»Gestern traf ich einen alten Matrosen und trank mit ihm einen Krug Wein aus der Bretagne. Mitten im Trinken zog er aus seiner Ledertasche einen Gegenstand aus weißer Erde heraus, den ich zuerst für eine Schreibgarnitur eines Schülers hielt. Er sah aus wie ein Tintenfaß mit einem langen Rohr. In das große Ende stopfte er braune Blätter, die er in der hohlen Hand gebrochen hatte, zündete sie mit einem Feuerzeug von oben an und führte im nächsten Augenblick das Rohr zwischen die Lippen und blies Rauch aus dem Mund, was mich recht verwunderte. Er teilte mir daraufhin mit, daß er das von den Portugiesen gelernt habe und diese es von den mexikanischen Indianern. Er nannte das ›Petum rauchen‹, was fröhliche Gedanken hervorrufen würde.«

1530 diente Tabak als Tauschmittel, um die ersten Sklaven an den Küsten Afrikas zu kaufen. Die Schwarzen bauten ihn bald darauf an. 1535 steckte Jacques Cartier mit seinen Schiffen im Eis auf dem Sankt-Lorenz-Strom fest. Die Indianer retteten seine Besatzungen vor Skorbut. In seinem *Kurzen Bericht der Umsegelung der Kanadischen Inseln* kann man lesen:

»Sie haben auch ein Gras, das sie im Sommer zu großen Bergen anhäufen für den Winter, welches sie hoch schätzen und das ausschließlich die Männer auf folgende Weise benutzen: Sie lassen das Gras von der Sonne trocknen und tragen es um den Hals in einem kleinen Beutel aus Tierhaut, zusammen mit einem steinernen oder hölzernen Horn. Von Zeit zu Zeit zerreiben sie das Gras und stopfen es in das eine Ende des erwähnten Horns und legen Kohle darauf. Sodann saugen sie am anderen Ende und füllen sich derart den Körper mit Rauch an, daß er aus ihrem Mund und den Nasenlöchern entweicht wie aus einem Schornstein. Sie sagen, das würde gesund und warm halten (...) Wir haben diesen Rauch untersucht; nachdem wir ihn in den Mund gesogen haben, schien er uns wie Pfeffer, so heiß war er.«

Der Dominikanerpater Bartholomé de Las Casas lieferte in seinem 1542 erschienenen Buch *Die rasche Vernichtung der Indianer*, das die Gewalttaten der Kolonisation anprangert, die erste präzise Beschreibung der Zigarre:

»Es waren trockene Gräser, eingewickelt in ein ebenfalls trockenes Blatt, so daß eine Art Rolle entstand, wie die Kinder sie am Fest des Heiligen Geistes haben. Sie zündeten sie am einen Ende an, saugten am anderen und inhalierten den Rauch. Dieser Rauch wirkte betäubend auf sie, berauschte sie sozusagen, doch verhinderte er, so sagten sie, daß sie Müdigkeit verspürten. Diese Rollen oder wie immer man sie bezeichnen möchte, nannten sie *tabaccos*.«

Katharina von Medici, Königin Frankreichs, von François Clouet. Der Tabak soll ihre Migräne gemildert haben und wäre beinahe nach ihr benannt worden.

1550 wurde in Rouen ein brasilianisches Fest für Heinrich II. und seine Frau Katharina von Medici gefeiert. Im darauffolgenden Jahr wurde dieses in einem Text mit dem Titel *Empfang für Heinrich II. und Katharina von Medici in Rouen* geschildert. Darin steht zu lesen: »Unterdessen tauchte eine Bande Wilder auf, die sich in ihrer Sprache als *tabagerres* bezeichneten.« 1554 fand man Tabakpflanzen in den Gärten des heutigen Belgien. 1555 kehrte der Franzose Villegagnon aus Brasilien zurück. Die Indianer in der Gegend von Rio de Janeiro rauchten »Zigarren und Stumpen« (*Enzyklopädie des Tabaks*), die den »Joints« der Haschischraucher ähneln.

1556 pflanzte André Thevet, Franziskanermönch und Gefährte von Villegagnon, in seinem Garten in Angoulême in Frankreich den ersten Tabak. Im darauffolgenden Jahr veröffentlichte er seine *Singularités de la France Antarctique (Besonderheiten der französischen Antarktis)*, in denen auch von der Zigarre die Rede ist:

»Eine weitere Eigenart ist ein Kraut, das sie in ihrer Sprache als *petum* bezeichnen, welches sie gewöhnlich immer bei sich tragen, weil sie es in verschiedenen Anliegen für außergewöhnlich nützlich erachten. Es ähnelt unserer Ochsenzunge. Sie pflücken dieses Kraut sorgsam und lassen es im Schatten ihrer kleinen Hütten trocknen. Sie verwenden es auf die wie folgt beschriebene Weise: Sobald es getrocknet ist, umwickeln sie eine bestimmte Menge dieses Krautes mit einem ziemlich großen Palmblatt und rollen es auf die Länge einer Kerze zusammen. Dann zünden sie das eine Ende an und atmen den Rauch durch die Nase und den Mund ein.

›Er ist heilsam‹, sagen sie, ›um schlechte Stimmungen zu vertreiben.‹ Wenn man mehr auf diese Weise zu sich nimmt, stille das den Durst und den Hunger für etliche Zeit. So kommt es, daß sie sich seiner häufig bedienen, selbst wenn sie sich unterhalten, inhalieren sie diesen Rauch und reden weiter. Die gleiche Angewohnheit haben sie auch im Krieg; einer nach dem anderen macht einen

Atemzug. Die Frauen machen keinerlei Gebrauch davon. Es stimmt, daß wenn man zuviel von diesem Rauch oder Duftstoff zu sich nimmt, er einem zu Kopfe steigt und berauscht wie das Bouquet eines starken Weins. Die Christen sind heute ganz begierig auf dieses Kraut, obwohl der Gebrauch am Anfang, wenn man es noch nicht gewohnt ist, nicht ungefährlich ist, denn der Rauch kann zu Schweißausbrüchen und Schwächen führen bis hin zur Ohnmacht, was ich am

Diese muskulösen Eingeborenen, deren Anatomie den Körpern der Schule von Fontainebleau ähnelt, steigern ihre Lust am Jagen durch das Rauchen von Riesenzigarren. Auszug aus *La Cosmographie universelle (Die universelle Kosmographie)* von André Thevet, 1575.

eigenen Leibe erfahren habe. Das ist gar nicht so verwunderlich, denn es gibt eine Menge anderer Früchte, die auch das Gehirn angreifen, obwohl sie ein Genuß sind und gut schmecken.«

Rührende Verteidigung des Tabaks, der das Gehirn nicht mehr angreife als andere vorzügliche Früchte auch. Trotzdem wurde Thevet der Extravaganz und des bloßen Fabulierens bezichtigt. Tatsächlich war er während seines Aufenthalts in Brasilien ständig krank und berichtete nur gemäß Informationen aus zweiter Hand, die er nicht überprüfen konnte. Seine Leidenschaft für das neue Kraut trug ihm, als Kind der Renaissance, die Namen Plinius, Appianus oder

Tabak. *Nicotiana tabacum* L. Joseph Roques. *Medizinische Phytographie,* 1921, Paris.

Herodot ein: In Plinius' Augen hatte es nichts zu bedeuten, wenn der Tabak zu Kopfe stieg, in Lynceste gäbe es einen Brunnen, dessen Wasser berausche, vermutlich einen weiteren in Paphlagonien. Diese Landschaften sind, wie wir heute wissen, Phantasieprodukte. Dennoch insistierte der Franziskaner: »Wenn jemandem unser Zeugnis nicht genügen sollte, so lese er Herodot, der in seinem zweiten Buch ein afrikanisches Volk erwähnt, das von Kraut alleine lebt.« Appianus berichtete, daß die von Marcus Antonius verabscheuten und aus ihrem Reich vertriebenen Parther von einem bestimmten Kraut lebten, das ihnen das Gedächtnis raubte und dennoch meinten, es sei eine gute Nahrung, obgleich viele nach einer gewissen Zeitspanne starben.

Hirngespinste und Misstrauen

1558, ein Jahr nach der Veröffentlichung von *Singularités (Eigentümlichkeiten)*, brachte Hernandez de Toledo, der Leibarzt des spanischen Königs Philipps II., Pflanzen aus Mexiko in seine Heimat. Derweil wurde der Bericht Thevets von dem protestantischen Pastor Jean de Léry bestätigt, obwohl er seinem papsttreuen Rivalen in mehreren wichtigen Punkten widersprach. Schon im Vorwort greift Léry den Franziskaner scharf an und bestreitet, daß der Tabak in Amazonien den Männern vorbehalten sei; auch Frauen und Kinder würden ihn genießen. Jemandem eine Zigarre anzubieten, sei dort ein Zeichen der Freundschaft.

Seine *Reisebekanntschaft in Brasilien* wurde 1576 veröffentlicht. Wie in anderen Werken auch wird darin die Bedeutung des Tabaks in den indianischen Religionen unterstrichen. Rauchen ist für die Indianer nicht nur ein simples Pläsir.

»Ich konnte sogar beobachten, wie sie ein langes hölzernes Rohr nahmen, in dessen Ende getrocknetes Kraut aus Petum steckte, das angezündet wurde. Sie drehten sich im Kreis und bliesen den Rauch anderen Wilden ins Gesicht mit den Worten: ›Als Schutz gegen Eure Feinde, empfangt die Kraft des Geistes‹ ...«

1560 wurde der in Nîmes geborene Jean Nicot, Privatsekretär des Königs und Vortragender Rat, offiziell zur Botschaft nach Lissabon entsandt, um die Hochzeit des Infanten Sebastian mit Margareta von Frankreich, Tochter Heinrichs II. und Katharinas von Medici auszuhandeln. Darüber hinaus befand er sich auf einer geheimen wirtschaftlichen Spionagemission, bei der er sich für ein neuartiges medizinisches Kraut interessieren sollte, dessen Samen aus Florida stammte und das im königlichen Garten von einem Edelmann namens Damias de

Goes angebaut wurde. Als sich sein Koch verletzt hatte, soll Nicot um Tabak gebeten haben. Der Koch wurde wieder gesund, und Nicot soll sich beeilt haben, selbst in seinem Garten Tabak anzupflanzen. Alsbald wurde er von Kranken bestürmt, ihnen von der Wunderpflanze zu geben. Am 25. April 1560 schrieb er an den Kardinal von Lothringen: »Sobald die Pflanze Samen gegeben hat, werde ich Ihrem Gärtner in Marmoustiers davon schicken, die Pflanze ebenfalls – in einem Faß mit Anleitung, um sie wieder einzupflanzen ...«

Heute weiß niemand mehr, wie Nicot ausgesehen hat. Auf jeden Fall wurde eine der berühmtesten Pflanzen nach ihm benannt.

Der Kardinal war ein Vertrauter der Königin. Diese litt an heftiger Migräne. Sie nahm Tabak in Puderform zu sich, und die Migräneanfälle verflogen. Der Tabak hatte in Frankreich Einzug gehalten. Man gab ihm die Namen Nicotiane, Kraut des Botschafters, Kraut der Königin. Der erste Name setzte sich durch. Die Lust auf Tabak wurde zur Manie.

1567 brachte Jean Liébault, Schwiegersohn des berühmten Buchdruckers Estienne, eine neue Auflage des posthumen Werkes seines Schwiegervaters *Agriculture et maison rustique (Landwirtschaft und Landhaus)* heraus, welchem mehrere Seiten über Tabak hinzugefügt wurden: »Die erhabene Pflanze unter den medizinischen Kräutern wegen ihrer einzigartigen, quasi übernatürlichen Eigenschaften«. Die von ihm beschriebene Pflanze ist die *Nicotiana rustica*, auch »weibliches Petum« genannt, die allein die genannten Eigenschaften besitze, hingegen das »männliche Petum« dergleichen nicht aufweise. Liébault schlug vor, den Namen Petum in Nicotiane umzuändern, »nach dem Namen des Edelmannes, der die Pflanze als erster nach Frankreich gebracht hat, damit wir ihm die gebührende Ehre für seine Dienste erweisen, für die Bereicherung unseres Landes mit einer solch einzigartigen Pflanze«. In den Übersetzungen des Werkes in zahlreiche europäische Sprachen wurde aus dem Wort *Nicotiane* in Anlehnung an Nicot schließlich Nicotin, das letztendlich auch die Botaniker in ihr Vokabular aufnahmen.

Das Werk war das erste Buch, das über den Anbau des Tabaks informierte und seinen Gebrauch für therapeutische Maßnahmen im Detail beschrieb. Die Auflistung der Krankheiten, die zu heilen dem Tabak zugeschrieben wurde, vergrößerte sich in schwindelerregendem Maße von Auflage zu Auflage. Der Tabak heilte alles; jedoch rief diese zügellose Begeisterung sehr bald heftigen Widerspruch hervor.

1565, ein Jahr nach Erscheinen des den Tabak verherrlichenden Werks von Liébault, veröffentlichte der Italiener Girolamo Benzoni in Venedig *La Historia del Mondo Nuovo*. Er hatte 15 Jahre in Amerika verbracht und kam als scharfer Kritiker des spanischen Kolonialismus und auch des Tabaks zurück. Er war letzterem äußerst feindlich gesonnen, so daß er in seinem Werk die angeblich heilenden Eigenschaften ins Lächerliche zog.

Eine andere Darstellung der Person Christoph Kolumbus, als er 1492 Amerika entdeckte. Vorne Indianer, die getrocknete Blätter herbeibringen, bei denen es sich nur um Tabakpflanzen handeln kann. Links dahinter drei Spanier, die ein Kreuz in die Erde stecken. Im Hintergrund Indianer, die die Flucht ergreifen.

»Wenn auf Española (Haiti) und anderen Inseln die Ärzte einen Kranken heilen wollten, gingen sie an den Ort, wo sie den Rauch verabreichen mußten; wenn der Patient völlig berauscht war, hieß das, die Kur war praktisch beendet. Nachdem er wieder bei Sinnen war, erzählte er Tausende von Geschichten, als habe er sich Rat bei den Göttern eingeholt, und andere Visionen ähnlicher Art.«

Für Benzoni ein widerlicher Rausch. Er insistierte: »Ein solch übles und böses Gift kann nur eine Erfindung des Teufels sein«, und prangert den »stechenden und stinkenden Geruch dieses wahrhaft diabolischen Rauchs« an.

Diese Äußerungen der Abscheu verhinderten nicht, daß die französischen Hugenotten im selben Jahr, 1565, den Tabak in Deutschland einführten, zuerst in Köln. Admiral Hawkins, der berühmteste Sklavenhalter Britanniens, brachte ihn nach England. Ein anderer Seemann, Walter Raleigh, machte den Tabak am Hofe Elisabeths I. salonfähig, worauf die Kritik Benzonis von der Universität schroff zurückgewiesen wurde. Im Jahre 1571 wurde in Spanien der Tabak zum Medikament erklärt, nachdem der berühmte Botaniker Nicolo Monardes den zweiten Teil des *Libro de las Cosas que Traen de las Indias* veröffentlichte und die ohnehin schon sehr umfangreiche Liste der Krankheiten, Gebrechlichkeiten und Verletzungen, die zu heilen der Tabak imstande sei, kühn verlängerte: Der Tabak heile »giftige Bißwunden, Lungenleiden aller Art, Kopfschmerzen, Schwellungen, Rheumatismus, Zahnschmerzen, Erkältungen, Verstopfungen, Magenleiden«, befreie von Nierensteinen und heile alle Erkrankungen, die durch Kälte verursacht werden. Das Werk wurde auf Anhieb ein Riesenerfolg.

Francisco Hernández de Toledo, der schon erwähnte Leibarzt des Königs, beschrieb bestimmte Behandlungen, u. a. die von Asthma: »Die getrockneten und zusammengerollten Blätter werden in ein hohles Schilfrohr gestopft oder mit Papier umwickelt. Das eine Ende wird in den Mund oder die Nasenlöcher gesteckt und das andere angezündet. Man atmet den aufsteigenden Rauch ein, drückt auf die Nasenflügel, damit er die Brust hinabsteigt und der Patient den Schleim abhusten kann und dadurch vom Asthma befreit wird.«

Der Tabak trat in Europa seinen Siegeszug an, und seine Feinde machten ihn nur noch berühmter. 1572 gelang es dem Pariser Alchimisten Jacques Gohory, einer obskuren Persönlichkeit, sich mit einem Traktat bekannt zu machen: *Instructions sur l'Herbe Petum, dite en France l'Herbe de la Reyne, ou Médicée (Instruktionen zum Gebrauch des Krauts Petum, in Frankreich Kraut der Königin oder Medici-Kraut genannt).*

1580 wurde Tabak von den Engländern in Rußland eingeführt; in der Türkei im selben Jahr durch die Italiener. 1590 gelangte er mit den Portugiesen nach Japan. 1595 wurde in Indien der Hof des Großmoguls mit Tabak überschwemmt. Am Ende des Jahrhunderts hatte er Persien, den Maghreb, Ägypten und die Philippinen erreicht. Tabak war fortan in der ganzen Welt bekannt, nicht jedoch die Zigarre.

Mythen und Magie

Was bedeutete der Tabak für die Indianer, seine ersten Konsumenten? Wie wurde er von den Europäern aufgenommen? Für die ersten galt er als heilig, für die zweiten hatte er magische Kräfte. Wir haben gesehen, welche Eigenschaften die Mediziner diesseits des Atlantiks ihm zuschrieben, und dies zwei Jahrhunderte lang. In Amerika stand er schon seit ewigen Zeiten in einem besonderen Ruf. Er galt als existent schon vor Erschaffung der Welt, ein quasi göttliches Attribut. Nach einem brasilianischen Mythos, den der französische Missionar Martin de Nantes überlieferte, ist der Tabak der Repräsentant Gottes auf Erden. Nachdem sich der Allmächtige entschlossen hatte, im Himmel zu bleiben, schickte er den Tabak an seiner Statt auf die Erde.

Stich von Guillpino. Im 19. Jahrhundert rauchten auf den Karibischen Inseln Frauen aus allen Gesellschaftsschichten Zigarre.

Reklame in einem amerikanischem Tabakladen: Bunte Holzfigur, eine Indianerin darstellend, die eine Zigarre in der Hand hält. Nordamerika, Pazifikküste, 1880.

Bunte Holzfigur eines Indianers auf einem kleinen Wagen. In der einen Hand hält er getrocknete Tabakblätter und in der anderen ein Bündel Zigarren. Nordamerika, 1880.

Die großen Geister des Pantheon ernährten sich vom Rauch des Tabaks. Man mußte sie ständig damit versorgen, ansonsten drohte das Ende der Welt. Auch die Stammeszauberer mußten ununterbrochen 60 bis 75 Zentimeter lange Zigarren rauchen, hergestellt aus einem mit Körnern von Tacamahabo und Weihrauch aromatisierten Tabak.

Vom Rio Grande bis zum Gran Chaco, nicht zu vergessen die Inseln der ersten Amerikaner, wurde die Zigarre als erstes geraucht. Im Norden, man weiß nicht warum, dominierte die Pfeife. Sie wurde in Europa und dem Rest der Welt bis Ende des 18. Jahrhunderts vorrangig geraucht. Zu den Eigenartigkeiten der Geschichte des Tabaks gehört, daß er sich drei Jahrhunderte auf sein Ursprungsgebiet beschränkte, um sich dann rasch auf der ganzen Welt zu verbreiten.

Es waren die Mayas des heutigen Mexiko und Guatemala, die dem Tabak die größte Wertschätzung entgegenbrachten. Die Darstellung eines rauchenden Priesters im Kreuztempel von Palenque in der mexikanischen Provinz Chiapas, bekleidet mit einem Jaguarfell, einen Vogelkopf als Perücke tragend und mit einem Rauchrohr in Händen, ist eines der Meisterwerke dieser beeindruckenden Zivilisation. Heute, tausend Jahre nachdem die Götter der vier Winde und der vier Himmelsrichtungen diese herrlichen Städte verlassen haben, sind für die Mayas in Yucatan ihre Vorfahren immer noch begeisterte Raucher. Die Sternschnuppen sind die weißglühende Asche ihrer riesengroßen Zigarren. Der Donner kommt zustande, wenn sie zwei große Felsbrocken als Feuerzeug gebrauchen und aneinanderstoßen; die Blitze sind die dabei entstehenden sprühenden Funken, die Wolken der Zigarrenrauch des Regengottes (nach Libermann).

Folgende Seiten: Ritual der Indianer in Mexiko, Fragment des *Codex Vaticanus*, 16. Jahrhundert. Die Götter des alten Mexiko waren leidenschaftliche Raucher.

Lange Zeit in Amerika als unantastbar angesehen, während ihm in Europa magische Kräfte zugeschrieben wurden, ist der Tabak heute zur todbringenden Substanz erklärt worden. Dabei bleibt er aber immer noch ein Instrument der Lust. »Die Syphilis«, sagte Malraux, »beginnt mit der Liebe.« Und da jedermann weiß, daß er nicht ewig leben kann, ist die Lebensdauer ohnehin ein relatives Kriterium. Die Seeleute und Lastenträger des 16. Jahrhunderts, die ersten Raucher in Europa, welche im Tabak ausschließlich ein Instrument der Lust sahen, hatten recht, wenn sie die Meinungen der Großen und Gelehrten ablehnten, die aus ihm ein Heilmittel machen wollten. Der Tabak dient nur der Wollust – zwei Jahrhunderte brauchte man, bis dies erkannt war; es bedurfte zweier weiterer, um herauszufinden, daß er schädlich ist.

Ein beträchtliches Versäumnis

Unglaublich ist das schon, die Zigarre bleibt unerwähnt in diesem großen Disput über gut und schlecht: Als permanentem Attribut der amerikanischen Gottheiten, zugegen bei der Erschaffung der Welt, vielleicht sogar daran mitwirkend, als magischem Band der Indianer zum Jenseits und höchstem Genuß, wurde der Zigarre anderswo der Rang abgelaufen von der Pfeife und dem Schnupftabak. Die in den Illustrationen des mittelalterlichen Werkes *Cosmographie universelle* (1515) von André Thevet wiedergegebenen Riesenzigarren, die von athletischen Indianern und deren Frauen geraucht werden, blieben diesseits des Atlantiks unbekannt. Es scheint einen trivialen Grund hierfür zu geben: Seereisen bekamen der Zigarre nicht. Jedoch reicht dies als Erklärung für deren Mißachtung nicht aus. Man hätte sie schon im 16. Jahrhundert aus importierten Tabakpflanzen herstellen können, wie das dann auch zwei Jahrhunderte später geschah. Warum also brauchte diese einfache Idee so lange bis zur Verwirklichung? Das erste Land, das die Zigarre in Ehren hielt, war eine sehr weit von ihrem Ursprungsland entfernte Nation: Birma, das heutige Myanmar. Das ganze Volk, Männer, Frauen und Kinder, verfiel in eine quasi nationale Leidenschaft gleich nach der Einfuhr des Tabaks. Die Birmaner kamen auf den Gedanken, sich das Ohrläppchen durchstechen zu lassen, das sie wahrscheinlich zuvor gedehnt hatten, um die Zigarre durchzustecken, damit die Hände frei waren.

André Thevet, Franziskanermönch aus Angoulême, dessen Porträt, wie das von zahlreichen anderen, rein fiktiv ist. Er war es, der den Tabak in Frankreich einführte.

Versuche, die Zigarre in Europa einzuführen, waren lange Zeit vergebens. 1667 bot ein Franzose namens Petit in seinem Laden in Amsterdam »weltberühmte Tabakrollen, sogenannte Zigarren« an. Er hatte keinen Erfolg damit. 1779 erhielt der deutsche Tabakfabrikant Peter Wendler von Papst Pius VI. das Privileg, fünf Jahre lang *bastoni di tabacco* herzustellen und zu vertreiben. 1788 errichtete Hans Heinrich Schlottmann in Hamburg eine Zigarrenfabrik nach dem Vorbild jener in Sevilla, wo er eine lange Lehrzeit absolviert hatte. Zwar wurden in Deutschland damals schon Zigarren importiert, aber auch Schlottmann machte aus den Deutschen keine Zigarrenliebhaber. 1793 wurde ein holländisches Schiff auf der Rückfahrt von Kuba von dem Freibeuter Antoine Delpierre gekapert und bereitete den Franzosen ein flüchtiges Vergnügen.

Enthüllungen

Die Herstellung von Zigarren wurde in Frankreich erst 1816 aufgenommen. Von dort breitete sie sich in ganz Europa aus. Der Tabak erhielt als Hommage an die Vereinigten Staaten den Namen »Virginia-Tabak«. 1848 wurden 170 Millionen Zigarren verkauft. Die Deutschen und Holländer nahmen schnell eine Spitzenposition in der Produktion ein. Bei ersteren offenbarte der durchschlagende Erfolg nach Ansicht einiger Experten einen Atavismus, der unerklärlicherweise erst jetzt auftrat. Dr. Libermann schreibt in der *Encyclopédie du tabac* (erschienen im frz. Verlag Le Temps): »Die Lust am Rauchen wurde durch die Zigarre eine typisch deutsche Gewohnheit. In keinem anderen Land wurde die Zigarre in vergleichbarem Maße zum Inbegriff des Wohlbefindens und beinahe schon stürmisch von den Bürgern angenommen.« Die Zigarre schuf in Deutschland einen mächtigen Industriezweig, der seinen Höhepunkt zu Beginn des 20. Jahrhunderts hatte; 1908 stellten 150 000 Arbeiterinnen und Arbeiter acht Milliarden sechshundert Millionen Zigarren her, dazu kamen die Importe aus Sumatra und Brasilien.

Indianer mit Friedenspfeife (Kalumet). Stich eines unbekannten Künstlers.

Folgende Seiten: Walter Gay, *Cigarreras de Sevilla*. Öl auf Leinwand, Vereinigte Staaten.

Deutschland 1788, Frankreich 1816, Österreich 1818 ... zwischen den ersten beiden Jahreszahlen reihten sich die Vereinigten Staaten ein. 1810 begann Pennsylvania seine *stogies* aus heimischem Tabak zu rollen – 33 cm lange Zigarren des Typs doppelte *panetela*. Mitte des Jahrhunderts hatte die Zigarre überall im Okzident siegreich Einzug gehalten. Was war aus ihr in dieser Zeit auf der Insel geworden, von wo aus sie ihren Siegeszug angetreten hatte?

Ein *marquista* vor seiner Tabakplantage.

Der sagenhafte Reichtum Hispaniolas darf dem bloßen Zufall zugeschrieben werden. Es war die erste Kolonie Spaniens in Amerika, die um 1537, ebenfalls als erste, Saatgut aus einer mexikanischen Tabakmischung erhielt: *Nicotiana tabacum*, welche aus Yucatan stammte, und die durch ihr Aroma und ihren milden Geschmack den bis dahin angebauten Sorten weit überlegen war. Hispaniola war Perle und Drehpunkt des spanischen Imperiums in Amerika. *Tabacum* erhöhte sein Prestige. Die Metropole begeisterte sich für diesen neuen Tabak. Man holte Sklaven aus Afrika, um die Anbauflächen zu vergrößern. Die einheimischen Indianer waren fast ausgestorben, dahingerafft von Viren und der Gewalttätigkeit der Europäer.

Vista – wie die bunten Lithographien auf den Zigarrenkisten auf spansich genannt werden – der Tabakfabrik Esquisitos, Don Pablo.

Vista von La Flor Cuba.

Ohne es zu wollen und auch ohne es zu wissen nahm Hispaniola fast ein halbes Jahrhundert einen Platz ein, der seinem Nachbarn gebührte. Kuba wartete mehr als 40 Jahre auf die Saat, ehe ihm Gerechtigkeit widerfahren sollte. In dieser Zeit ließen die Spanier von ihrer fixen Idee ab, Gold auf Kuba zu finden. Die Indianer hatten sie auf den Gedanken gebracht – vielleicht, um sie damit zu erfreuen, vielleicht, um sie von ihren eigenen Geschäften abzulenken–, und die Spanier hatten alle ihre Gedanken und die Kraft ihrer Sklaven darauf verwandt, es zu suchen. Nachdem sie die Aussichtslosigkeit ihres Unterfangens eingesehen hatten, wandten sie sich wieder dem Tabak zu, vergrößerten ihre Plantagen mit *Nicotiana rustica*, der vom *Tabacum* weit übertroffen wurde und deshalb nur auf dem Binnenmarkt und bei den rauhen Seeleuten Absatz fand.

Die zahlreichen Pamphlete, in denen Marie-Antoinette heftig angegriffen wurde, enthielten nie den Vorwurf, sie rauche Zigarre. Trotzdem bediente sich die Tabakindustrie ihres Bildnisses zu Werbezwecken.

Rechte Seite: Léonard Defrance (Lüttich, 1735 –1805), *Besuch der Tabakfabrik*, 1884. Öl auf Holz, 48 x 65 cm. Ausschnitt.

Seit dieser Zeit, so stellt der Historiker Ignacio José de Urrutia fest, machte der Tabakhandel, trotz der mittelmäßigen Qualität des Produkts, die Händler in Havanna sehr wohlhabend, und die Regierung unternahm alsbald Schritte, ihn zu reglementieren, mit anderen Worten einzuschränken.

Die spanische Unterdrückung

Die erste Prohibition erfolgte im Jahre 1557. Am 14. Mai jenes Jahres verbot der Stadtrat von Havanna Schwarzen die Eröffnung und Führung von Trinkhallen, in denen den Besatzungen und Passagieren von Schiffen Wein oder Tabak angeboten wurden. Bei Nichtbeachtung drohte eine Strafe von 50 Peitschenschlägen. Man wollte dadurch der weißen Bevölkerung einen größeren Umsatz in der Stadt ermöglichen.

Diese rassenfeindliche Verordnung leitete eine Flut von Erlassen ein, die im Laufe von fast vier Jahrhunderten die Herstellung und den Vertrieb einer kostbaren Ware behinderten, mit dem illusorischen Ziel, einen verschwenderischen Staat zu bereichern, dem es an einer wirksamen Kontrolle seiner Finanzen fehlte. Obgleich besessen von der Idee der totalen Kontrolle, übte der spanische Staat faktisch keinerlei Kontrolle aus, die Verordnungen waren tote Buchstaben. Die Freibeuter und Schmuggler aus England, Frankreich und Holland hatten auf den Antillen freie Hand. In einem Zeitraum von 20 Jahren wurde die Stadt Havanna allein von den Franzosen dreimal geplündert – 1536 und 1538, als sich Freibeuter und aufständische Schwarze zusammentaten – und 1555.

Die offizielle spanische Literatur über Tabak würde zusammengetragen riesige Bibliotheken füllen. Zwei Beispiele dieser Schriften aus den Jahren 1781 und 1793.

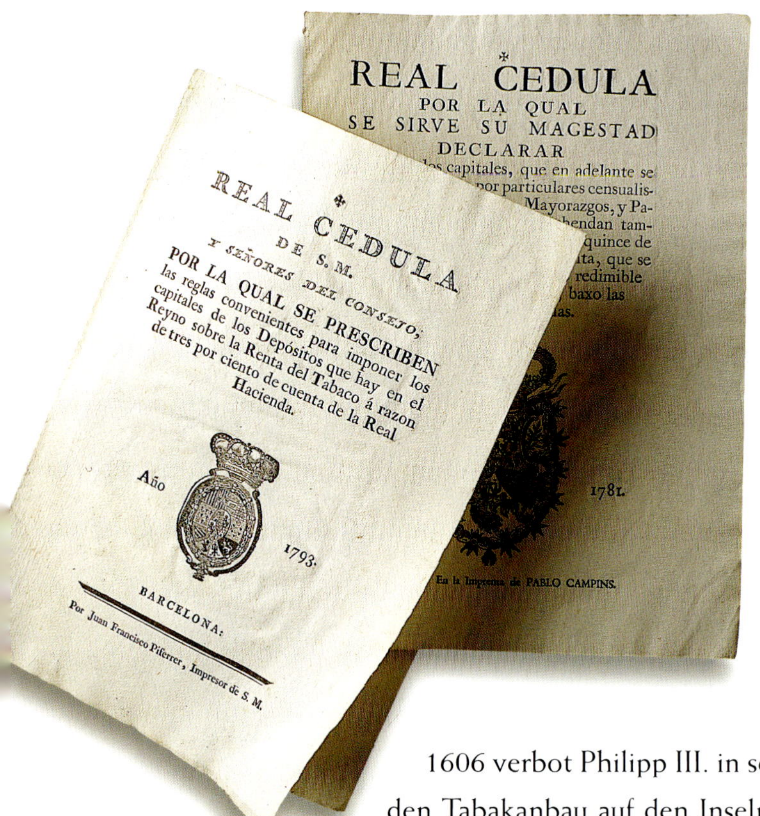

Am 16. September 1586 verbot ein königlicher Erlaß Philipps II. jedweden privaten Verkauf von Tabak in Panama; eine Zuwiderhandlung wurde mit einer Geldstrafe von 50 Pesos Gold und der Vernichtung des Tabaks bestraft. Der König wollte dadurch die geschäftlichen Bande zwischen den spanischen Grundbesitzern in Amerika sprengen, um den Handel weitgehend in die Hauptstadt zu verlagern.

Alle Bemühungen waren umsonst. Dem *Dictionario* von Pezuda zufolge übertraf der Tabakschmuggel Ende des 16., Anfang des 17. Jahrhunderts bei weitem den offiziellen Handel. Genaue Zahlen gibt es nicht.

1606 verbot Philipp III. in seiner Verzweiflung für die Dauer von zehn Jahren den Tabakanbau auf den Inseln Kuba, Margarita und Puerto Rico sowie in den

Bescheinigung über 100 Aktien an der Tobacco Products Corporation in Virginia, registriert am 30. Januar 1928 in New York.

Folgende Seiten: Léonard Defrance (Lüttich, 1735–1805), andere Version des *Besuchs in einer Tabakfabrik*, 1884. Öl auf Holz, 48 x 65 cm. Ausschnitt.

Provinzen Venezuela, Cumana und Neu-Andalusien. Der Text verdient zitiert zu werden:

»Briefe von Don Luis Fajardo, meinem Kapitän der Weltmeerflotte, meinen Gouverneuren der Provinzen Cumana und Margarita und anderen sachkundigen Personen, die in meinen Diensten stehen, bestätigen, daß an verschiedenen Orten und Häfen dieser Inseln von Barlovento zahlreiche Schiffe mit holländischen, englischen und französischen Freibeutern gesichtet wurden, die auf der Suche nach Tabak sind, der in diesen Gegenden in Hülle und Fülle wächst und die Haupternte der Eingeborenen darstellt. Angesichts des Umfanges des erbeuteten Tabaks, denn er wird von den genannten Nationen sehr geschätzt und begehrt, und der Beeinträchtigung meiner Rechte (...) erscheint es mir nach reiflicher Überlegung und Konsultation meines königlichen Westindienrates für angebracht, den Tabakanbau auf den genannten Inseln für einen Zeitraum von zehn Jahren zu untersagen. Auf diese Weise können die Eingeborenen in anderen, für sie nützlicheren und das Königshaus rentableren landwirtschaftlichen Kulturen und in den Goldminen arbeiten.«

Dieses Verbot, das nicht kontrolliert werden konnte, blieb wirkungslos. Die Rivalen Spaniens beschafften sich ohne Schwierigkeit das Saatgut, um selber Tabak anzubauen – 1612 führte John Rolfe, der als englischer Gatte der indianischen Prinzessin Pocahontas bekannt ist, den Tabak in Virginia ein.

L. Defran
de Liege

Der Tabak Kubas wird endlich anerkannt

1614 kehrte wieder die Vernunft in die Welt des Tabaks zurück. Am 20. Oktober desselben Jahres unterschrieb Philipp III. das erste Dekret, welches den Tabakhandel in Kuba regelte, insbesondere den Export, denn Kubas Tabak galt bereits als der beste der Welt – es hatte keine dreißig Jahre seit der Einführung von *Nicotiana tabacum* gebraucht, um die hervorragende Qualität der Anbauflächen unter Beweis zu stellen, obgleich die Tabaksorten der Vuelta Abajo erst mehr als anderthalb Jahrhunderte später Bedeutung erlangten. Den Engländern war die Zigarre gewissen Autoren zufolge, »ihr Geld wert«, anderen sogar »ihr Gold wert«. Es stimmt, die Engländer waren verrückt nach Tabak. Allein im Jahr 1615 haben sie davon für 200 000 englische Pfund aus Trinidad und Orinoko importiert. Ein Scherz kursierte zur damaligen Zeit unter den westindischen Händlern: »Die englischen Waren bezahlen wir mit Rauch.«

Medaillon mit dem Bildnis eines ernst dreinblickenden Edelmannes. Palmzweige und Tabakblüten im Hintergrund symbolisieren das Prestige, das die Havanna-Zigarre Anfang des 19. Jahrhunderts genoß.

Spanien beharrte auf ein nicht durchsetzbares Monopol. Die Regierung in Madrid verbot ihren Untertanen unter Todesstrafe den Verkauf von Tabak an Ausländer. Die gesamte Produktion mußte in Sevilla stattfinden, wo die Casa de Contratación de Indias den weltweiten Vertrieb sicherstellte. Währenddessen blühte der Schmuggel, und illegale Plantagen breiteten sich aus.

In seinem 1617 veröffentlichten *Smoking Age* beschrieb der Engländer Bratwaith Tabaksorten von den Bermudas, aus Trinidad, Caracas und Varinas in Venezuela. Alle diese Tabaksorten sind dem ohnehin unhaltbaren Monopol entgangen. Ein sehr großer Anteil des angeblich von den Bermudas stammenden Tabaks kam in Wirklichkeit aus Havanna. Die englischen Freibeuter des Archipels lauerten den in Kuba ausgelaufenen Schiffen auf, um sich ihrer Ladungen zu bemächtigen. Zur gleichen Zeit vermehrten die drei von Philipp III. in seiner Verfügung aufgeführten Nationen – England, Frankreich und Holland – ihre Besitzungen auf den Antillen und an der Ost- und Westküste Amerikas. Alle drei ließen sich gleichzeitig in Guyana nieder; 1623 bemächtigte sich England San Cristobals, das fortan den Namen Saint Kitts trägt; 1634 waren die Barbados-

Inseln an der Reihe; 1632 besetzten die Holländer Saint Eustache und Tobago; 1635 eigneten sich die Franzosen Guadeloupe und Martinique an. Kaum an Land gegangen, bauten die einen wie die anderen Tabak an. Madrid wurde die Bedeutung Kubas zusehens bewußt. Mit Beginn des Jahres 1632 wurde in Spanien die Einfuhr von Tabak aus Havanna mit einem Zoll belegt und als »Geschenk an die Krone« deklariert.

Im Laufe des 17. Jahrhunderts wurde Havanna ein Zentrum der Herstellung und Verschiffung von Tabak, nicht nur in Richtung Spanien, sondern in das ganze Imperium – Mexiko, Costa Rica und die pazifischen Staaten. »Nichts ist wichtiger als der Tabak«, lautet die Losung in Kuba.

Die ersten Texte, in denen von Schiffsladungen aus Havanna die Rede ist, stammen aus dem Jahr 1626. Es sind geheime Denunziationen, in denen Gouverneur Cabrera beschuldigt wurde, eine Ladung Tabak im Wert von 200 000 Pesos für sich selbst, eigenmächtig und ohne die erforderliche Lizenz, auf die Kanarischen Inseln beordert zu haben. Diese Inseln dienten im übrigen als hervorragender Schlupfwinkel für Schmugglerschiffe.

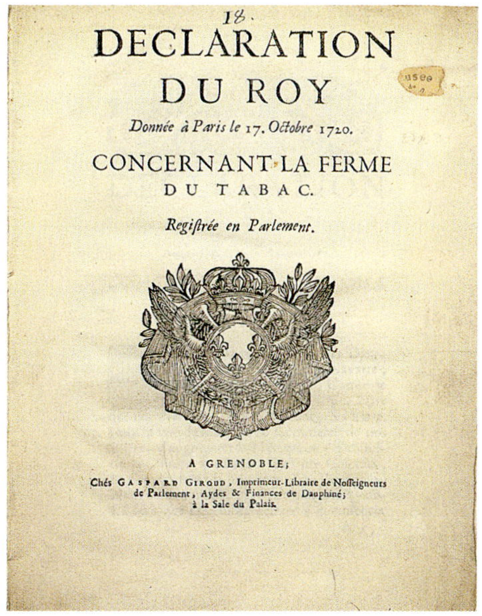

DECLARATION DU ROY

Donnée à Paris le 17. Octobre 1720.

CONCERNANT LA FERME DU TABAC.

Registrée en Parlement.

A GRENOBLE;

Chés GASPARD GIROUD, Imprimeur-Libraire de Nosseigneurs de Parlement, Aydes & Finances de Dauphiné; à la Sale du Palais.

Auch die Könige Frankreichs schätzten den Tabak. Kardinal Richelieu war der erste in Europa, der ihn mit einer Steuer belegte und ein Monopol errichtete.

Mitte des 17. Jahrhunderts eroberte der Tabak auf Betreiben des Gouverneurs Don Juan de Salamanca die Region von Santa Clara. Unter dem Namen Vuelta Arriba oder de Remedios sollte sie zu einem der Handelszentren auf Kuba werden. Warum hatte es mehr als ein Jahrhundert gebraucht, bis in den siebziger Jahren des 18. Jahrhunderts die exzellente Qualität der Anbauflächen von Vuelta Abajo bei Pinar del Rio im Westen der Insel anerkannt wurde? Die ganze Welt würde sich in den darauffolgenden Jahren davon überzeugen. Anfang des

Lord Byron, umgeben von Tabakkisten mit Havannas, für welche er als einer der ersten eifrig Propaganda machte, denkt hier vielleicht über sein militärisches Engagement auf der Seite der Griechen in ihrem Unabhängigkeitskrieg gegen die Türken nach.

19. Jahrhunderts war die Frage beantwortet: An erster Stelle rangierte der Tabak aus Vuelta und erst weit dahinter alle anderen.

Der 1614 wieder zugelassene Tabakanbau unterlag absurden Zwängen. 1717 ließ die Madrider Regierung auf Kuba die erste Fabrik errichten, und zur gleichen Zeit entstand für den Warenverkehr auf der Insel ein Monopol nach spanischem Vorbild. Die um ihr wirtschaftliches Überleben kämpfenden Tabakpflanzer lehnten sich auf und besetzten Havanna. Die Vertreter der Krone flohen nach Spanien, aber die Reaktion ließ nicht auf sich warten, und der Rebellion wurde unter Blutvergießen ein Ende gesetzt. Eine zweite Revolte brach 1723 aus, mit dem gleichen Resultat, einer dritten im selben Jahr war dasselbe Schicksal beschert. Die hingerichteten Bauern, die ihre Interessen gegen einen raffgierigen Staat verteidigten, wurden als Vorläufer der kubanischen Unabhängigkeit gefeiert.

Georges Nathaniel, Erster Marquess Curzon of Kedreston, indischer Vizekönig von 1898 bis 1905, mehrmals Minister im Ersten Weltkrieg und in den »verrückten zwanziger Jahren«, galt als begeisterter Raucher von Havannas.

Rechte Seite: Bildtafeln aus der *Enzyklopädie* von Diderot und d'Alembert. Ländlicher Betrieb, Tabakfabrik. Frankreich, 18. Jahrhundert.

Spanien konnte der Versuchung einer weiteren, noch stärkeren Ausbeutung nicht widerstehen, um schneller Profit zu erzielen; was indes nicht heißt, daß damit auch größere Mengen an Tabak produziert wurden. 1730 vertraute Madrid das Monopol einem Syndikat privilegierter Kaufleute an, 10 Jahre später wurde es an die Königliche Handelsgesellschaft von Havanna übertragen und zwanzig Jahre danach, 1760, übte es wieder die spanische Regierung aus. Von der Regierung wurden Delegationen in allen wichtigen Anbaugebieten eingesetzt, um die Ernte mit den Vertretern der *vegueros* auszuhandeln, welche sich nach und nach organisierten und ihre Anbauflächen standardisierten, mit deren Tabakerträgen Sevilla noch immer versorgt wurde.

Die 1670 in Sevilla errichtete Tabakfabrik stellte zunächst Schnupftabak mit den besten, von jenseits des Atlantiks eingeführten Blättern her. Ab 1720 nahm sie die Zigarrenproduktion mit einem solchen Erfolg auf, daß 1757 eine zusätzliche Produktionsstätte für 30 Millionen Real gebaut wurde. In Sevilla wurde die Zigarre erfunden, die die Welt eroberte; »es ist«, so Pedro Perez, Präsident der Tabacalera, der weltgrößten Importfirma für Havannas und des ältesten Tabakunternehmens überhaupt, »ein aus dem Deckblatt, dem Umblatt und der Einlage gebildeter Zylinder.« Sevilla dominierte bald den Markt der Herstellung und des Handels mit *puros*, die nur in Spanien (wo der Anbau verboten war, mit

Pl. I

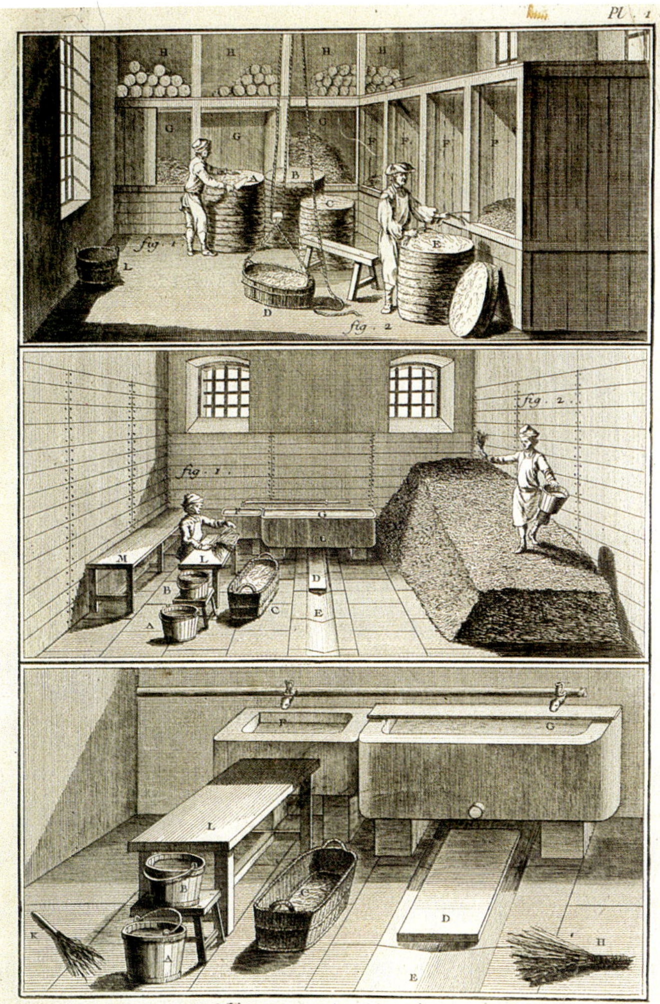

Œconomie Rustique,
Fabrique du Tabac.

Pl. II

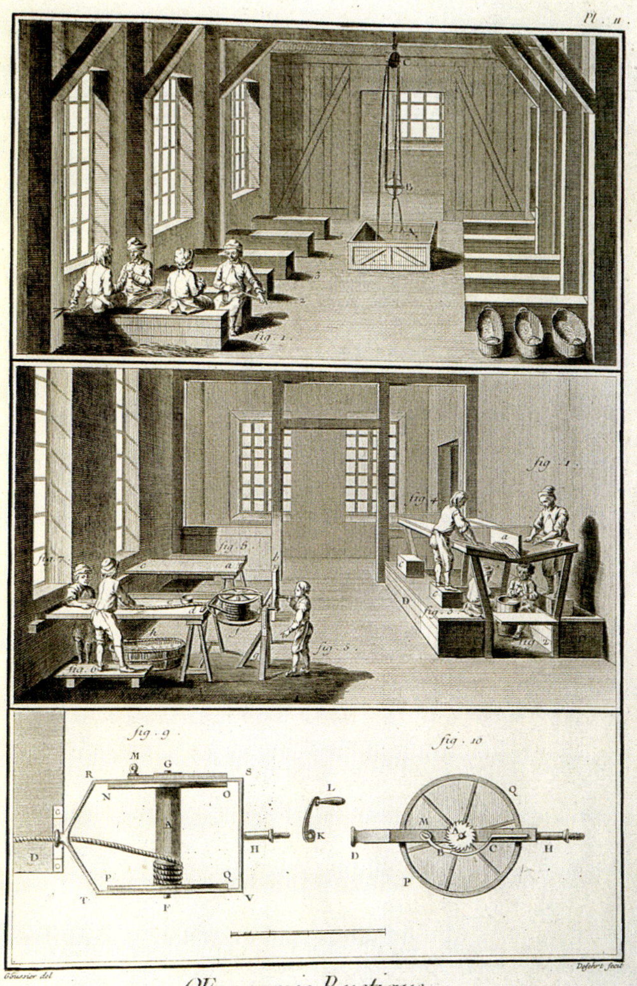

Œconomie Rustique,
Fabrique du Tabac.

Pl. III

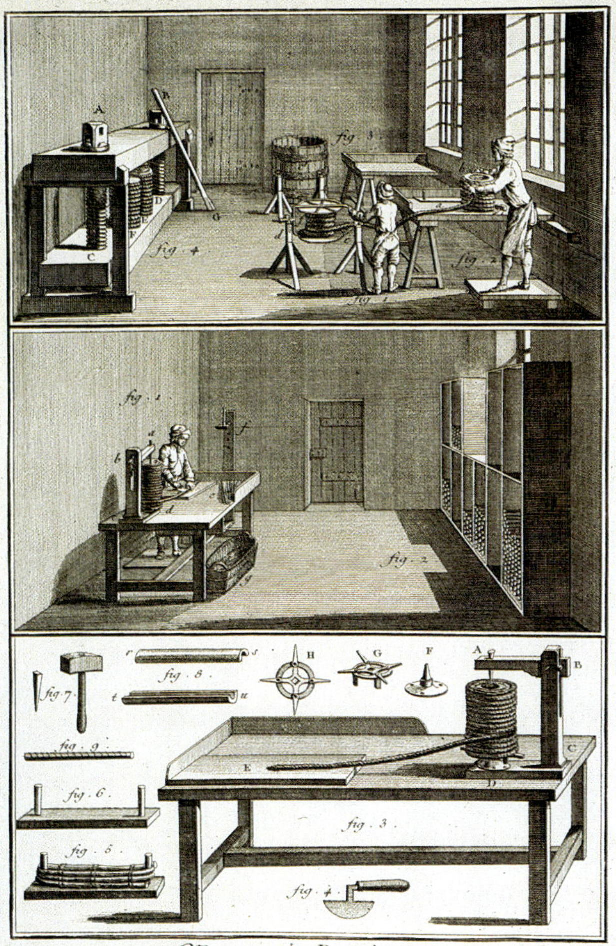

Œconomie Rustique,
Fabrique du Tabac.

Pl. IV

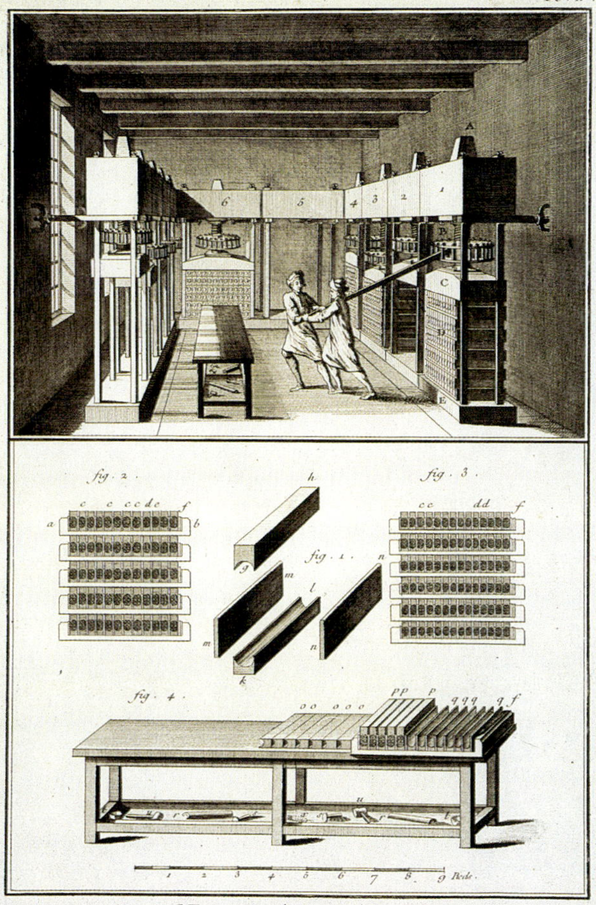

Œconomie Rustique,
Fabrique du Tabac.

Bauchbinde mit dem Porträt des Präsidenten Fallières, 1906–1912, Belgien. Bauchbinde von Juan López mit Porträt Georgs V., um 1920, große Marke, Kuba. Bauchbinde von José Gener mit Porträt Edwards VII., Kuba. Bauchbinde von José Gener mit Porträt Georgs V., um 1920, Kuba, große Marke. Bauchbinde von Calixte López, entworfen aus Anlaß der Hochzeit Alfons XIII. mit Victoria Eugenia, große Marke, Kuba.

Ausnahme der Kartause von Xérès, deren Blätter kubanischen ähnlich sind) geraucht werden. Der Rest Europas wußte noch nichts von diesem Wunderding. Die Antillen und die benachbarten Länder waren sozusagen das Paradies für Raucher. Pater Labat schrieb in seiner 1722 veröffentlichten *Neuen Reise zu den Inseln Amerikas*:

»In Amerika wird sehr wenig Pfeife geraucht. Die Spanier, viele Franzosen und Engländer, fast alle unsere Neger und alle Indianer rauchen Stumpen, oder wie die Spanier sie nennen, *cigarras* (Zikaden). Der Tabakstumpen ist ein sechs bis sieben Daumen langer kleiner Zylinder mit einem zwei Daumen breiten Durchmesser, zusammengesetzt aus längsgedrehten Tabakblättern, die im Innern eines Deckblattes liegen, das sorgfältig um sie gewickelt und am einen Ende mit einem Fadens befestigt ist. Dieses Ende nimmt man in den Mund, während das andere angezündet wird.«

1735 wurde dies von dem Engländer Cockburn bestätigt. Er berief sich auf eine Begegnung mit drei Ordensgeistlichen und beschrieb ihre *seegars*: »Diese Geistlichen haben uns *cigarros* gegeben. Das sind Tabakblätter, die in einer Weise ineinander verwickelt sind, daß man sie wie eine Pfeife rauchen kann. Sie kennen hier keine andere Art des Rauchens, und im ganzen Land [dem heutigen Mexiko] findet man nirgends eine Pfeife.«

Die ältesten Statistiken reichen bis ins Jahr 1748 zurück. Abbé Raynal zufolge – einem Gegner der Kolonisation und der Kirche und Autor von *Die philosophische und geschichtliche Entwicklung des Handels der Europäer in den beiden Teilen Westindiens* – verschiffte Kuba von 1748 bis 1753 im Schnitt 800 Tonnen Tabak, eine offizielle Zahl, welche den immens hohen Schmuggleranteil nicht berücksichtigt. Welcher Zigarrenliebhaber wäre auf den Gedanken gekommen, via Sevilla den Tabak sehr teuer zu kaufen, derweil ihn professionelle Händler überall anboten? Allein auf der Insel wurden zu jener Zeit mehr als zwei Tonnen pro Jahr konsumiert.

1761 ersetzte die Factoria de Tabacos die Handelsgesellschaft von Havanna, welche die Hauptstadt mit Rohstoffen versorgte. Die Factoria produzierte fortan in Kuba und vergrößerte ihr Anbaugebiet. 1762 nahm eine englische Flotte Havanna ein. Die Besatzung sollte ein Jahr dauern bis zur Ratifizierung des Pariser Vertrages. Die Havanna erreichte englischen Boden im Gepäck roter Waffenröcke und Nordamerika in den Uniformen der Kolonialregimenter Londons.

Von 1789 bis 1794 lagen die Produktionsziffern bei 3000 Tonnen. 1804 richtete sich der den Plantagenbesitzern gezahlte Preis nach drei Qualitätsstandards – *suprema, mediana, infina*, d. h. 6,3 und 2,5 Piaster für die *arroba* von 11,5 Kilogramm. Ein Pfund Zigarren kostete 6 Real, der Selbstkostenpreis eines Pfundes feinen Tabaks belief sich auf 3,5 Real. Das Pfund gewöhnlicher Tabak – *cucaracheros* aus Sevilla – kostete 1,5 Real. Am Ende des Jahrhunderts hatte das Monopol Madrid somit 70 Millionen Real eingebracht. Zu Beginn des 17. Jahrhunderts wurden vier Tabaksorten angebaut, wie in der 1658 von Rochefort herausgegebenen *Naturgeschichte der Antillen* und der *Allgemeinen Geschichte der Antillen* von Dutertre aus den Jahren 1667 bis 1671 zu lesen steht. Diese vier Sorten sind der Große oder Grüne Petum, der Zungentabak, der Tabak aus Amazonien und der Tabak aus Vérine, alle den wissenschaftlichen Namen *Nicotiana tabacum* tragend, der von beflissenen Gelehrten in die Untergruppen *N. brasiliensis, N. tabacum lancifolia havanensis, N. tabacum macrophylla, N. tabacum havanensis macrophylla* aufgeteilt wurde.

Vista mit dem Bildnis Edwards VII.

KAPITEL
II

19. JAHRHUNDERT, DIE ENTSTEHUNG DER GROSSEN MARKEN

José de la
Sala

Garantizados
Habana

Zu Beginn des 19. Jahrhunderts ist der Tabak für niemanden mehr ein Allheilmittel, er ist nurmehr ein Vergnügen – »die einzige neue Wollust« wird Pierre Louÿs hundert Jahre später schreiben. Man rauchte verstärkt Pfeife. Die Tabakschnupfer wurden rarer – die Französische Revolution versetzte dieser aristokratischen Angewohnheit beinahe den Todesstoß, Napoleon alleine konnte sie nicht weiterleben lassen. Die Tabakkauer verschwanden – es gab nie sehr viele von ihnen. Die Zigarette war unbekannt, außer in Spanien, wo Goya sie bereits gemalt hatte, aber Spanien lag zu dieser Zeit außerhalb des allgemeinen Interesses, und die Spanier blieben unter sich. Nichtsdesto-

Seite 49: Der *Marquis* Manuel López läßt 1840 zufällig die Marke Punch als Schutzmarke registrieren, um auf dem britischen Markt präsent zu sein. Punch wird eine der berühmtesten Havanna-Zigarren.

Émile Fuchs, *Porträt eines Gentleman unter Edward VII.* 1901–1910.

Übliche Bauchbinde der Tabacos selectos mit königlicher Krone, Deutschland. Bauchbinde Pour la Noblesse, Belgien. Belgische Bauchbinde mit königlichem Adler und den Initialen HF, Anvers. Bauchbinde der Marke Diaz, Kuba, mit Weltkarte. Bauchbinde der Marke Romeo y Julieta, mit den Insignien einer paramilitärischen Vereinigung von Bilbao, Kuba. Belgische Bauchbinde.
Gegenüberliegende Seite: Einige Kisten mit *Doble Coronas*, die besten auf dem Markt.

weniger sollte es Spanien sein, das den einzigen den Rauchern am Herzen liegenden Triumph ermöglichen würde.

Nach drei Jahrhunderten abweichender Praktiken stellte man sich – in Anbetracht der Tatsache, daß der beste Tabak aus Kuba kommt – die Frage: Die Kubaner rauchen Zigarre, ist nicht auch die kubanische Zigarre die beste der Welt?

»Alles hat seine Zeit«, kann man in *Der Kleriker* lesen, »eine Zeit zum Lachen, eine Zeit zum Weinen, eine Zeit zum Leben und eine zum Sterben.« Jetzt war die Zeit der Zigarre gekommen. Warum erst so spät? Millionen einfache oder anspruchsvolle Liebhaber hatten leidenschaftlich den Tabak in all seinen Formen konsumiert – als Kautabak, als Wundpflaster, als Aufguß, zum Rauchen natürlich, als Puder, sogar zum Waschen – und doch hatten sie die zuerst bekannte Form, die nach allgemeinem Dafürhalten gleichzeitig die beste ist, die Zigarre, einfach vernachlässigt. Weshalb diese seltsame Ignoranz?

Die Bekehrung vollzog sich vehement, als ob die Bekehrten sich der Blindheit ihrer Vorfahren schämten und drei verlorene Jahrhunderte aufholen wollten.

Es beginnt also das 19. Jahrhundert, in welchem der Fortschritt zum Kult erhoben wird. Die Zigarre erlangte im Westen ungeahnten Ruhm. Die kubanischen, der Sprache unkundigen Bauern, die Birmaner mit durchstochenem Ohrläppchen, die Spanier als Erfinder der *puro*, die Indianer aus der Zeit vor Kolumbus, eigentlich alle mehr oder weniger in Vergessenheit geraten, bekamen mit einem Male den Nimbus der Avantgarde.

1810: Registereintragung der beiden ersten Zigarrenmarken unter den Namen von Bernardino Rencurrel und Cabanas y Carbajol in Havanna. Einzug des Marechals Soult in Sevilla. Die Soldaten der Großen Kaiserlichen Armee finden an der Zigarre Geschmack. An welchen Zigarren, an welchem Tabak? Die Meere werden von der eng-

BOLIVAR
25 - CORONAS GIGANTES Made by Hand
HABANA
LONDON 1862
PARIS 1855
WIEN 1873
DE
H.UPMANN
CHICAGO 1893
HOYO
DE MONTERREY
YJULIETA
OMEO Y JULIETA
25 CHURCHILLS
OS DE PARTAGAS Y Ca. - HABANA - FLOR DE TABACOS DE PAR
PARTAGAS
25 - LUSITANIAS Made by Hand
HOYO
DE MONTERREY

FLOR DEL REY
Superior SEGARS SPECIALLY MANUFACTURED for GENTLEMEN OF REFINED TASTE.
Superior SEGARS SPECIALLY MANUFACTURED FOR GENTLEMEN of refined taste.

NAVALO
NELSON

GABLER'S JUDGE
PETER GABLER, LONG HILL, CONN.

lischen Flotte beherrscht, Havanna ist vom Imperium abgeschnitten; fünf Jahre zuvor hatte Admiral Villeneuve ihr Schicksal sträflich vernachläßigt.

Sevilla besaß viele Warenlager. Die riesigen Geschäfte der Königlichen Manufaktur quollen über von den Blättern aus Vuelta. In dem Dokument *De la situacion actual de la Real Factoria de Tabacos de la Habana en abril 1804* werden die Bestände auf zwölf Millionen Pfund Tabak beziffert. Die Franzosen plünderten sie vermutlich, aber aus welchem Grund? Sie wollten die Moskoviten am Genuß der Havanna teilhaben lassen. (Die Engländer ihrerseits kehrten unter Wellington auf ihre Insel zurück und warben für die 1762 in Havanna eingekaufte *puro*).

Die Hinwendung der Europäer zu einem drei Jahrhunderte lang abgelehnten Objekt hatte etwas Fatales. Es ist, als ob ein aufgeschobener Plan in das Leben der Menschen hereinbrach, denn für diesen langen Aufschub findet sich keine rationale Erklärung. Ein Plan mit Licht und Schatten: Zur gleichen Zeit nämlich, da die französischen Soldaten und ihre britischen Gegner zu Kolporteuren dieser »uralten Neuigkeit« werden, gerät in Kuba einiges in Bewegung.

Kuba erwacht

1817 hing der berühmteste Tabakschnupfer der Welt auf der Insel Saint-Hélène trüben Gedanken nach, derweil Europa durch ihn Geschmack an der *puro* gefunden hatte. Sein Gegner, König Ferdinand II. von Spanien, führte in seinem Land wieder den Absolutismus ein, betrieb jedoch in Kuba eine neuzeitliche Wirtschaftspolitik. Er ließ sich von einem kubanischen Wirtschaftsexperten, einem gewissen Arange, und Cangas, seinem Finanzminister, inspirieren und schaffte schließlich das Monopol sowie die Privilegien der Manufaktur von Havanna ab, um sie durch den freien Tabakanbau und -handel zu ersetzen. Eine Verordnung vom 14. April 1817 regelte die Erweiterung der Plantagen. Mit der einen Hand bewilligte er etwas, indem er die Tabakpflanzer von vielen Zwängen befreite, indes er mit der anderen sehr hohe Steuern einführte. Wie dem auch sei, er hat dem Zeitalter der Havanna damit zum endgültigen Durchbruch verholfen.

Gegenüberliegende Seite: Beispiele von Banderolen, die sowohl dem Fabrikanten als auch dem Raucher schmeicheln. Edward VII. verkörpert das britische Empire, das größte der damaligen Zeit. Nelson verköpert die britische Überlegenheit zu See. Die Amerikaner begnügen sich mit dem Portät eines unbekannten Richters.

Die neuen Freiheiten waren kaum bewilligt, als am 25. November 1817 für jeden bei der Vereinigung der *tabaqueros* gemeldeten Arbeiter eine Steuer von 50 Pesos erhoben wurde. Diese Bürde wog so schwer, daß viele bis zur Abschaffung dieser Steuer verschwanden. In der *Memoria sobre la exportación del tabaco* von Bachiller und Morales aus dem Jahre 1836 steht zu lesen, daß man – welch eine Ungeheuerlichkeit! – auf Tabakeinfuhren aus Santo Domingo und Virginia zurückgreifen mußte, um die kubanische Binnennachfrage zu befriedigen. Die Exporte litten nicht unter dieser Krise, denn die neuen *marquistas* (Tabakfabrikanten) ordneten ihnen alle anderen Interessen unter. Die Exporte stiegen in diesem Jahrhundert, zumindest nach Europa; die Beziehungen zu den Vereinigten Staaten standen auf einem anderen Blatt. 1827 wurden die vielen Steuern aus dem Jahre 1817 durch eine Einheitssteuer auf den Export von Tabakblättern und den hergestellten Tabak ersetzt. Zurückgehaltene Energien wurden freigesetzt. Das größere Angebot führte zu einer weiteren Ankurbelung der ohnehin schon bestehenden Nachfrage. Der Triumphzug der *puro* kannte fortan nur die Grenzen der Produktion.

Vista mit dem Buckingham-Palast, Kuba.

1816 wurden im Hafen von Havanna 1008 Schiffe beladen, vier Jahre später waren es 1368 und im Jahre 1836 schließlich 1662. Die Erfindung des dampfbetriebenen Motors verkürzte die Atlantiküberquerung, vervielfachte die Geschäftsbeziehungen, die Marken, die Fabriken und die sie beliefernden Plantagen. 1837 belief sich die Tabakproduktion der Insel auf 6000 Tonnen – eine Verdopplung seit Beginn des Jahrhunderts.

Gegenüberliegende Seite: Upmann Zigarren, Havanna, Kuba.

Es entstanden zahlreiche neue Marken. Mi Fama por el Orbe Vuelta im Jahre 1830, Por Larrañaga 1834, El Figaro von Julián Rovera und Punch von Manuel López 1840, Henry Upmann im Jahre 1844. Die Entwicklung war so gewaltig, daß man um 1840 die *puro* nach der kubanischen Hauptstadt Havanna benannte. Upmann und Partagas, zwei der größten Tabaknamen, ließen 1844 ihre Marken als eingetragene Warenzeichen registrieren, um sich gegen Fälscher zu schützen. 1845 ließ Don Jaime Partagas, der sein Unternehmen 1827 gegründet hatte, seine Fabrik in der Calle de la Industria N° 520 errichten. Dort steht sie auch heute noch; die Real Fábrica de Tabacos Partagas ist das »Schaufenster der Havanna« in ihrer Hauptstadt. Ein ständiger Besucherstrom belebt die »Casa del Habano«.

H. UPMANN
HABANA

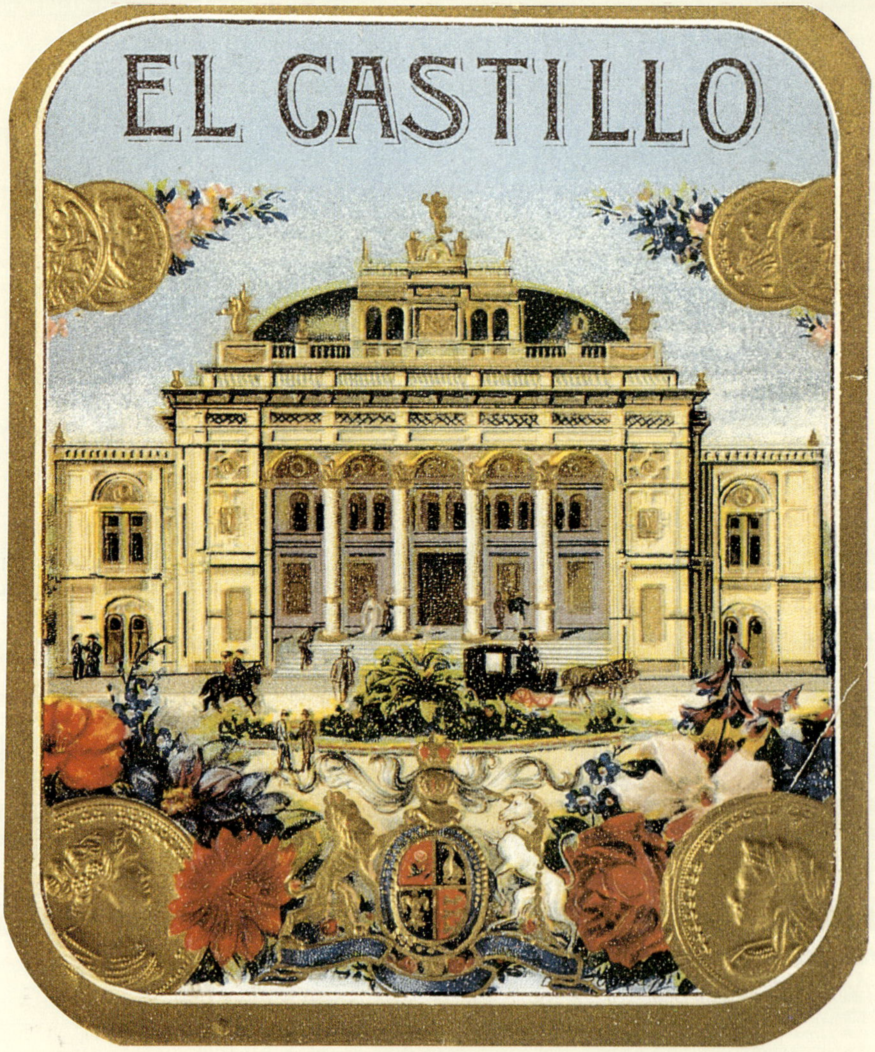

Die Zigarre wurde im Sinne ihrer Hersteller mit Luxus und Grandeur dargestellt – Luxushotels, Paläste, Equipagen, Eleganz.

Jaime Partagas besaß riesige Ländereien in der Gegend von Pinar del Rio in den Niederungen der Flüsse Sandres und San Juan. Dieser jähzornige Patrizier und außergewöhnliche Geschäftsmann lancierte seine Marke auf meisterhafte Weise. Sein kleines Imperium währte zwanzig Jahre, erzählt Louis-Noël Barbulée in seinem Buch *Der Zigarrenliebhaber*, bis er im Jahre 1864 bei einer Auseinandersetzung in El Hato de la Cruz ermordet wurde. Sein Sohn José trat die Nachfolge an, war aber nicht aus demselben Holz geschnitzt. Er mußte das Geschäft an José Bances verkaufen, einen einflußreichen Bankier und Zigarrennarr, der sich 1900 zugunsten von Ramón Cifuentes Llano und José Fernandez zurückzog. Letzterer war nicht lange an dem Geschäft beteiligt. Die Cifuentes blieben die alleinigen Inhaber bis zur Revolution Castros und kontrollierten Partagas, Cifuentes, Ramón Allones, La Intimidad neben zwanzig weiteren, nicht weniger prestigeträchtigen Marken. Ramón Cifuentes ging ins Exil nach Florida und brachte als Gesellschafter von General Cigar ein Partagas-Sortiment in der Dominikanischen Republik auf den Markt.

Die von dem deutschstämmigen Emilio Ohmstedt als Warenzeichen registrierten Marken El Rey del Mundo und Sancho Panza erschienen 1848. Im gleichen Jahr verordnete der *Capitán general de la Isla de Cuba* die Registereintragung aller Marken, was bis dahin freiwillig geschehen war. Ihre Zahl erhöhte sich von 180 auf 412. Romeo y Julieta, eine von Inocencio Alvarez und Manin Garcia geschaffene Marke, erschien 1850. 1851 gründete der Katalane José Gener die Firma Hoyo de Monterrey und brachte – mit einem Orthographiefehler behaftet – die Marke La Esception auf den Markt.

Im selben Jahr versah der Holländer Gustave Bock seine Havannas mit Bauchbinden, was sogleich Nachahmer fand. Tausende hohe Persönlichkeiten, Politiker, Industrielle, Künstler, Berühmtheiten oder solche, die sich dafür hielten, ließen die Havannas mit ihrem Bildnis versehen, auch wenn sie – die Zigarren – nicht darauf angewiesen waren.

Von oben nach unten: Bauchbinde Excelsior. Bauchbinde der Marke Romeo y Julieta mit Namenszug eines Herrn Juan Solans. Bauchbinde der Marke Romeo y Julieta mit Namenszug eines Herrn Irezabal. Bauchbinde Elegantes. Bauchbinde Rothschild Regalia. Bauchbinde Cabinets. Bauchbinde mit Profil einer Frau auf goldenem Hintergrund wie bei einem Geldstück. Bauchbinde mit goldenem Adler.

HOYO DE MONTERREY
HABANA

Richard Dighton, *Sir Richard Wallace.* Aquarell, um 1872.

Gegenüberliegende Seite: Zigarren aus dem Hause Hoyo de Monterrey. *Doble Corona* mit einem Aroma aus Vanille und Honig, eine der leichtesten in diesem Format.

Die Zigarre war den Großen dieser Welt und den Freunden der feinsten Genüsse vorbehalten, ihr Bild reflektierte eine Idee; zugleich durfte niemals ihre Herkunft vergessen werden. Diese kubanische Landschaften darstellenden Vignetten erinnern unweigerlich daran.

Die Plantagenbesitzer gegen die Tabakbauern

1831 waren um die 50 Arbeiter auf der Plantage Cayo Hueso – die Amerikaner nennen sie Key West – am Südzipfel Floridas beschäftigt. Ein Jahrhundert zuvor hatten sich dort die Brüder Arnao mit 16 Arbeitern für ein Abenteuer ohne Zukunft niedergelassen. Die Zahl der Emigranten stieg im Laufe der Jahre ständig an und löste politische Konflikte aus, die Kuba vor harte Zerreißproben stellte. Dieser Strom erreichte seinen Höhepunkt im Zehnjährigen Krieg, ausgelöst durch eine Rebellion in der westlichen Provinz.

Der Wegzug von *tabaqueros* nach Florida war folglich die Konsequenz eines Disputs, der erst mit der Unabhängigkeit Kubas und nach der Ausrufung zur Republik ein Ende fand. Es handelte sich um die klassische Auseinandersetzung zwischen Plantagenbesitzern und Tabakbauern in einem neugebildeten Staat, um die ewige Opposition zwischen Öffnung und Isolation, zwischen Vagabundieren und Seßhaftigkeit. Ein Runderlaß der obersten Verwaltungsbehörde der Insel vom 15. September 1817 präzisiert dies:

»Die Ansiedelung von Tabakarbeitern an den *vegas* (Flußauen), ist eine Gewohnheit geworden, die zu achten es sich geziemt. Seit der Errichtung der Fabrik war es immer ein historisch verbürgtes Recht, den Tabakanbau zu gewähren. Viele arme Familien haben sich daher an den Ufern der Flüsse niedergelassen, sei es infolge offiziell vergebener Rechte oder vererbten Rechts. Ihre Ausweisung liefe allen Grundsätzen des Rechts und der Politik zuwider und

Plantage aus dem 19. Jahrhundert, mit dem Haus des Besitzers und den Werkstätten.

L REY DEL MUNDO
MARCA INDEPENDIENTE
FABRICA DE TABACOS
REY DEL MUNDO CIGAR CO.
PROVEEDOR DE LA REAL CASA
ESTABLECIDA EN 1848.
PADRE VARELA 852

Der Zigarrenliebhaber kommt salopp daher, aber er steht mit beiden Füßen auf der Erde und ist nicht irgendwer. Robert Howlett, *Porträt des britischen Ingenieurs Isambard Kingdon Brunel* (1806–1859), Großbritannien.
Brunel konstruierte für die Great Eastern das damals größte Passagierschiff der Welt.

Gegenüberliegende Seite: Zigarrenkiste El Rey del Mundo. Havanna, Kuba (*Große Coronas*).

Die Exotik spielte lange Zeit eine große Rolle in der Tabak- und Kolonialwarenreklame jenseits des Atlantiks.

würde den von uns verfolgten Zielen in der Landwirtschaft und der Bevölkerungspolitik größten Schaden zufügen.«

Die großen Plantagenbesitzer wehrten sich mit allen Mitteln gegen die Niederlassung neuer Tabakpflanzer und versuchten, die schon ansässigen zu entmutigen; aber die Geschichte sollte sich gegen sie wenden. 1837 verfaßte Manuel de Soto y Quintano in Havanna eine Denkschrift an die Wirtschaftsgesellschaft der Freunde des Landes:

»Es ist offensichtlich, daß das System der Hacienda nicht mit dem Fortschritt der Bevölkerung vereinbar ist. Es konzentriert den Reichtum der betroffenen Ländereien in den Händen einiger weniger, die, obwohl sie kein einziges Vieh dort grasen lassen, sich sofort in ihren Rechten verletzt fühlen, wenn ein anderer auch nur die kleinste Parzelle erwirbt. (...) Die Großgrundbesitzer sind wie die Pinien der Savannen, die dem Reisenden keinen Schatten spenden. Daher rührt das Elend, von dem ein großer Teil der Bevölkerung betroffen ist, sowie das Kulturdefizit und die Immoralität. Ich schließe davon ausdrücklich einige für ihre Rechtschaffenheit bekannte Plantagenbesitzer aus, die im Gegenteil den *veguero* unterstützen, wenn er sich hier niederlassen will.«

Mit ihrer Errichtung wurde die Tabak-*Vega* zu einem Zentrum wirtschaftlicher Tätigkeit und automatisch eine Rivalin der extensiv betriebenen Tabakkulturen der Haciendas (gemäß Artikel 27 der Verordnung vom 14. April 1817 wurde den Anwärtern eine 120 Varas breite Fläche bewilligt, die am Ufer des Flusses lag, an dem sie sich niederlassen woll-ten, nicht mitgerechnet die Anbauflächen für ihre eigene Versorgung). Der *veguero* war nicht nur ein einfacher, mit dem Plantagenbesitzer rivalisierender Bauer, die *vega* war auch »ein mächtiges Instrument zur Auflösung der Hacienda, denn Tabak war ein exzellentes Exportprodukt, das in den *vegas* ungleich höhere Profite abwerfen konnte als in den nur nachlässig bewirtschafteten Plantagen der Großgrundbesitzer. So etwas hat es noch

Deutsche Bauchbinde. Bauchbinde der Marke José Gener mit Setzling der Tabakpflanze. Vergoldete Bauchbinde mit Palme. Bauchbinden unterschiedlicher Herkunft. Belgische Bauchbinde mit Palme.

Viele Berühmtheiten werden zu Werbezwecken herangezogen, hier große Komponisten des 19. Jahrhunderts.

nie in der Wirtschaftsgeschichte Amerikas gegeben,« versichert der kubanische Historiker Le Riverend, wenn er die Zeit der zweiten Hälfte des 18. und der ersten des 19. Jahrhunderts beschreibt.

Die *vega* als ein »Mittel gegen die Sklaverei«, die in den Haciendas und den Zuckerbetrieben vorherrschte, ermöglichte die Entstehung einer ländlichen Bourgeoisie von kleinen Bauern »befreit von meistens abwesenden Gutsherren und selbstzerstörerischer Knechtschaft« (Ortiz). Der Tabak ist ein Geschäft freier Menschen.

Ungeachtet des Bodens, des Klimas, des Saatguts und der angewandten Methoden konnten die schwarzen Sklaven, welche zur gleichen Zeit die amerikanischen Plantagen bewirtschafteten, keinen so guten Tabak produzieren wie die *vegueros*, die immer ihre eigenen Herren waren. Die Freiheit beflügelt die Arbeit.

Zeitzeugen

1842 wird in der *Pittoresken Reise nach Amerika, Asien und Afrika* von Alcide d'Orbigny und Jean-Baptiste Eyriès der Tabakrausch mit folgenden Worten beschrieben: »Alle Kreolen der amerikanischen Kolonien rauchen und bieten dem Besucher gerne kleine Zigarren an. Die Zigarre nimmt eine gewichtige Rolle im Verhältnis der Geschlechter ein und gilt als Zeichen der Gunst. Von seiten der Frau ist es eine Geste der Zuneigung, wenn sie die Zigarre eines Mannes anzündet und zwischen die Lippen nimmt.«

Die Gräfin von Merlin verwies auch auf die Rolle der Frauen bei der Zigarrenherstellung. Die von den Tabakpflanzern gerauchten Zigarren wurden von den Händen »ihrer Frauen, Töchter und Lieblinge geformt«. Die *despalilladora* – die Frau, die die Tabakblätter entrippt – ist in Kuba ebenso bekannt wie die Arbeiterin Carmen in einer Zigarrenfabrik in Andalusien, bemerkt Ortíz in seinem Werk *Contrepoint*.

Jedoch wurde den Frauen, die von Anbeginn bei der Bewirtschaftung der Plantagen als vollwertige Arbeitskräfte mitwirkten, der Zutritt zu den Fabriken Havannas verwehrt. Erst nach dem Zehnjährigen Krieg wurden im Jahre 1878 Arbeiterinnen in der Zigarrenfabrik La Africana beschäftigt.

Mitte des Jahrhunderts beschreibt der französische Reisende Xavier Marnier die Tabakverarbeitung auf den Karibischen Inseln:

»Ein Teil des Tabaks wird von den Bauern vor Ort weiterverarbeitet. Die letzteren, die ihn auch rauchen, legen keinen großen Wert auf eine elegante Form der Zigarre, und wie sie damit umgehen, kann als primitiv beschrieben werden; diese Zigarren entsprechen einem hausbackenem Bauernbrot, im Gegensatz zum feinen Stangenbrot der Aristokraten. Die Menge des auf diese Weise verarbeiteten Tabaks ist schwer abzuschätzen. Nur von den Fabriken erhält man verläßliche Zahlen; ihre durchschnittliche Gesamtproduktion liegt bei 600 Millionen Zigarren jährlich. Es gibt keine Straße in Havanna, in der nicht mindestens eine Fabrik ihren Sitz hat. Jede dieser Fabriken beschäftigt zwanzig, dreißig und mehr Arbeiter, die in unterschiedlichen Abteilungen tätig sind.«

Jacques Offenbach, bewunderter Komponist von *Pariser Leben* und *Schöne Helena*, Schwarm bei den Hoffesten des Zweiten Kaiserreiches, konnte sich nicht der Zigarre entziehen.

Auf Kuba wurden auch Zigaretten hergestellt, deren Produktion von 1853 an mechanisiert wurde: Don Luis Susini hatte eine Maschine importieren lassen, die 2 850 000 Zigaretten am Tag fertigen konnte.

Die Beobachtungen Marmiers wurden 1851 in Mexiko unter dem Titel *Cartas sobre la América* veröffentlicht. Im darauffolgenden Jahr erreichte die kubanische Tabakproduktion die Schwelle von 20 000 Tonnen, was eine Verfünffachung innerhalb von zehn Jahren bedeutete. Zwölf Jahre später, 1863, zählte Havanna nicht weniger als 516 Fabriken, die 15 128 *tabaqueros* beschäftigten. Hinzu kamen 36 Manufakturen und die Werkstätten der Werft und des Staatsgefängnisses, wo Bagnosträflinge arbeiteten; außerdem die Festungen Cabana und Carcel, wo durchschnittlich 700 Inhaftierte arbeiten mußten. Jedoch sollte sich die haushohe Überlegenheit der Havanna-Zigarre schließlich gegen die Insel wenden.

Stich von Gravini, *Das Leben eines jungen Mannes.* Exaltiertheit und zugleich Satire eines radikalen Feminismus. Der junge Mann, ein armseliger Herkules, stickt eine Decke zu Füßen einer triumphierenden Dame, deren Zepter eine Zigarre ist.

Stich nach E. Lami, *Das literarische Journal,* 1840. Der Dandy in Pantoffeln hat eine Vorliebe fürs Rauchen und Lesen gleichermaßen.

Gegenüberliegende Seite: Paul Nadar, Sohn von Félix Tournachon, genannt Nadar, verkleidet und von seinem Vater fotografiert. Karikatur des rauchenden Dandys, dessen Zigarre nicht angezündet ist.

Eifersucht

Der Protektionismus der Konkurrenten Kubas in Europa und vor allem in den Vereinigten Staaten führte überall zu einer Erhöhung der Zölle, so daß der Zigarrenpreis zuweilen weit über dem ursprünglichen Wert des Produkts lag. Die Tabakpflanzer und Manufakturbesitzer mußten mit einer Reihe von Krisen fertig werden. Unter den Fabrikarbeitern gab es Arbeitslose, und den Betrieben drohte der Ruin. 1856 waren in Havanna Hunderte von *tabaqueros* ohne Arbeit, denn im Jahr zuvor hatten die Exporte von *puros* den Rekordwert von 356 582 000 Stück erreicht (eine heutzutage unvorstellbare Summe), so daß der amerikanische Markt, ihr Hauptabsatzgebiet, gesättigt war. Die Fabrikanten mußten eine Pause einlegen, um sich wirtschaftlich zu erholen. Vertane Mühe, denn der Druck der Tabakhersteller aus Virginia und Carolina auf den amerikanischen Kongreß ließ nicht nach. Am 3. März 1857 erhöhten die Vereinigten Staaten ohne Ankündigung drastisch ihre Zollgebühren und stürzten Kuba in eine ernste Krise.

Diese Prozedur wiederholte sich mehrmals bis zum Ende des Jahrhunderts, als die kubanische Wirtschaft 1902, nach dem Unabhängigkeitskrieg, völlig unter den Einfluß Washingtons geriet.

Tabak, Lektüre und Freiheit

Eine Karikatur von Gip

Gegenüberliegende Seite: Herr Guy, Sänger aus *Das Notizbuch des Teufels*, 1895, ein Kabarettstück, in welchem auf der Bühne die Zigarre lächerlich gemacht und zu einem komischen Objekt abgewertet wird.

Bis zu ihrer Ausweisung aus Spanien waren die Emigranten aus Cayo Hueso – fast ausnahmslos alle *tabaqueros* – die Speerspitze der Opposition in Madrid. Key West war Stützpunkt und Zufluchtsort ihrer Berufsgenossen aus Havanna, deren liberale, die Sklaverei ablehnenden, separatistischen Ideen – der Tabak ist ein Produkt des freien Menschen – sie in die Schußlinie der Kolonialmacht geraten ließen. Der Held der kubanischen Unabhängigkeit, José Martí, ein begabter Redner und voll des Lobes für den Tabak – »die liebenswerte Pflanze, die dem Menschen den Rauch als Begleiter schenkt« – sagte über Cayo Hueso: »Es ist das kreolische Zentrum, wo alle Lebensängste in größte Hoffnungen verwandelt werden.« Gaspar Manuel Jorge García Gallo schrieb in *El Tabaquero cubano*: »Auf den Wahlkampftourneen für seine Revolutionäre Kubanische Partei feuerte Martí in den Fabriken von Florida, Key West und Tampa von den Tribünen herab die Arbeiter mit seinen begeisternden Worten an.« Die emigrierten *tabaqueros* führten offiziellen Angaben zufolge zehn Prozent ihres Salärs für die kubanische Revolution ab. »Der heilige, auf dem Altar des Vaterlandes geopferte Zehnt«, liest man in dem von Fernando Ortiz herausgegeben *Kubanischen Werk über den Tabak und Zucker.* Die Drohgebärden gegen Spanien waren deutlich genug, so daß Kapitän Salamanca die Intrigen zur Zerstörung der »Zigarrenarbeiterzentren« von Cayo Hueso und Tampa vorantrieb, um der rebellischen Organisation den Garaus zu machen.

Mosaik von Jean-Louis Forain (1852–1931), welches das Café Riche am Pariser Boulevard des Italiens zu Anfang des Jahrhunderts schmückte.

Die Tribünen in den Fabriken von Florida hatten ihre Pendants auf der anderen Seite der Meerenge. Auf diesen Tribünen, die eher Podesten von Schullehrern ähnelten, hielt man für die Arbeiter Lesungen, um auch ihren Geist und nicht nur ihre Hände zu beschäftigen. Diese Bildungsmaßnahme soll in den Werkstätten der Werft von Havanna in den fünfziger Jahren des 19. Jahrhunderts eingeführt worden sein, zur Bildung der Strafgefangenen, was jedoch nicht belegt ist. Man weiß aus sicherer Quelle, daß der ehrwürdige Vater Manuel Delofeu 1864 in der Stadt Bejucal eine ständige Lesung in der Zigarrenfabrik von Facundo Acosta hielt. Die Idee gab es also schon seit längerem. Auch der spanische Reisende Salas y Quiroga hatte sie angeregt. Das verdienstvolle Anliegen, Fortschritt auch im sozialen Bereich zu erzielen, war die Triebfeder dieser Neuerung, welche zweifelsohne von den »öffentlichen Lesesalons« inspiriert war, die zur jener Zeit in den Vereinigten Staaten zur Bildung des Volkes sehr in Mode waren. Der Erfolg stellte sich schnell ein.

Im folgenden Jahr 1865 machte die von dem *tabaquero* Saturnino Martínez in Havanna gegründete Wochenzeitschrift *La Aurora* Werbung für Lesungen. Der liberale Nicolas Azcarate – welcher die Satzungen des Syndikats der Tabaksortierer am Ende des Zehnjährigen Kriegs verfaßte – führte sie in der Fabrik *El Figaro* ein. Partagas zog bald nach. Am 25. Januar 1866 war in einem Leitartikel der Zeitung *El Siglo* zu lesen, daß in England Charles Dickens seine Werke einem riesigen Publikum aus Analphabeten vorlas, die dafür bezahlten. Letzteres galt auch für die kubanischen Arbeiter. Sie waren einverstanden, daß ein Teil ihres Gehalts für Lesungen einbehalten wurde.

Nieder mit Spanien!

1868 brach der erste Unabhängigkeitskrieg gegen Spanien aus, der zehn Jahre dauerte. Die *tabaqueros* spielten darin eine entscheidende Rolle. Kubas politische Kreise spalteten sich in zwei Gruppen: die Reformer, welche die Beziehungen zu Spanien neu ordnen wollten, und die Separatisten, die Verfechter der Unabhängigkeit. Die Unnachgiebigkeit des Madrider Prokonsuls General Tacon, der es ablehnte, in Kuba die liberale spanische Verfassung von 1836 einzuführen, bestärkte die Separatisten in ihrer Auffassung. 1865 erhielten die Reformer von der Madrider Junta die Erlaubnis, eine Versammlung in Madrid abzuhalten, um die kubanische Lage zu erörtern und über Reformen zu diskutieren: Abschaffung der Sklaverei, Reform des Bodenrechts, dessen Prinzipien bis auf die Zeit der Eroberungen zurückgingen und überholt waren, Reform des Finanzwesens, freier Handel. Am 12. Februar 1867 versetzte ein Dekret aus Spanien Havanna in Aufruhr. Es führte in dem wirtschaftlich maroden Land eine neue Steuer ein, die die Abgaben weiter erhöhte. Dies empfand die kreolische Bourgeoisie als Provokation. Nach einigen Monaten kam es zur Gegenwehr.

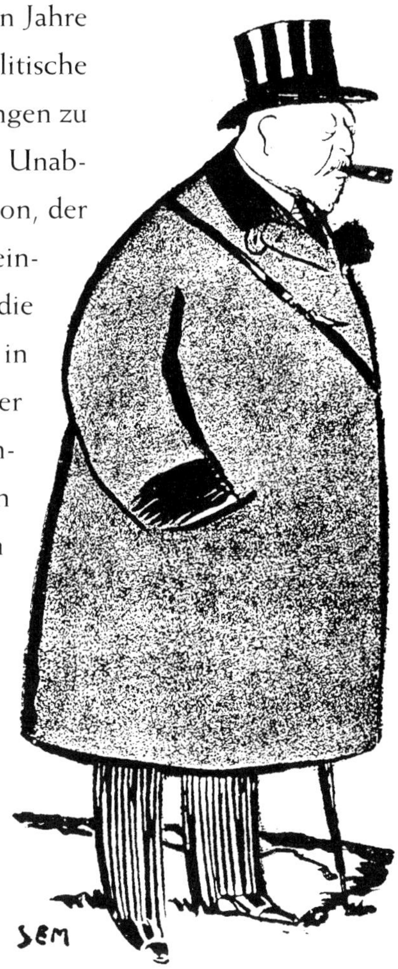

Karikatur Edwards VII. von Sem, 1906.

Am 10. Oktober 1868 proklamierte Carlos Manuel de Céspedes, Grundbesitzer und Ehrwürdiger Meister der Freimaurerloge Buena Fá die Unabhängigkeit in Demajagua, nachdem er zuvor seine Sklaven freigelassen und bewaffnet hatte. Die Revolution von Yara begann.

Im Februar 1869 wurde die Sklaverei – ohne Entschädigung – abgeschafft. Im April verabschiedete das Parlament von Guiamaro eine Verfassung, die eine Volksvertretung und einen Präsidenten vorsah. Céspedes wurde gewählt.

Spanien, das bereits alle Besitzungen auf dem amerikanischen Kontinent verloren hatte, konnte nicht auch noch Kuba aus den Händen geben und reagierte. Die Aufständischen zerfielen in mehrere Gruppierungen – der Schrecken regierte in Havanna. Der damals sechzehnjährige José Martí wurde zu sechs Jahren Gefängnis verurteilt, weil er einem Freund einen Brief geschrieben hatte. Ein Guerillakrieg begann, die Rebellenführer wurden getötet, aber auch Spanien war geschwächt. 1876 wurde General Martínez Campos nach Kuba entsandt, um den Frieden wiederherzustellen. Dies geschah mit der Unterzeichnung des Paktes von Zanjón am 19. Februar 1878. Für die Aufständischen kam dies einem Betrug gleich: trotz Abschaffung der Sklaverei wurde sie weiterhin praktiziert.

Alles war gut, um die Lust auf die *puro* noch zu verstärken, wie die Darstellung verführerischer Schönheiten; die Natur bietet etwas für jeden Geschmack.

»RASTLOSE RUHE«

Kuba trat – nach einem Ausspruch Martís – in eine Phase »rastloser Ruhe« ein. Die Geschäftspolitik der American Tobacco Company (A. T. C.) trug dazu bei. Zu Beginn der achtziger Jahre des 19. Jahrhunderts waren die Vereinigten Staaten größter Absatzmarkt für kubanischen Tabak. Nichtsdestoweniger ermöglichte ihr Protektionismus, der die Einfuhr von *puros* zum Schutz der Produzenten in Maryland und Virginia verbot, der A. T. C., »Kuba eine untergeordnete Rolle im Bereich der Versorgung mit Rohstoffen, sprich Tabakblättern, zuzuweisen«. Die Amerikaner gaben sich nicht mit der Weiterverarbeitung zufrieden, sondern investierten vor Ort, in den *vegas*. Es wurden große Tabakbetriebe zum Nachteil der *guajiros*, der kleinen Produzenten, errichtet. 1890 beschäftigten sie ein Drittel der *tabaqueros*. Diese Konzentration, die eine Verschlechterung der Einkünfte unabhängiger Arbeiter bewirkte, stärkte den Geist des Widerspruchs. Der erste Arbeiterkongreß Kubas wurde 1892 abgehalten. Viele seiner Teilnehmer wurden verfolgt.

Henri de Toulouse-Lautrec, *Porträt von Monsieur Louis Pascal*, 1893. Gemälde auf Karton.

Lucien Mélivet, *»Alles ist erklärbar ... wir sind Zwillingsschwestern ...«* Kollektion humoristischer Revuen, Band VII.

Im selben Jahr gründete José Martí die Revolutionäre Kubanische Partei. Die nach Florida ausgewanderten Zigarrenarbeiter traten in Massen bei. Die »rastlose Ruhe« verlängerte sich bis 1895, als der zweite Unabhängigkeitskrieg ausbrach, und die Amerikaner intervenierten, um die offizielle spanische Vorherrschaft durch eine kaum verhohlene ihrerseits abzulösen.

Jean Beraud, *Abendessen für die Botschafter.* Paris. Öl auf Holz. Rechts, Zigarre im Mund und Melone auf dem Kopf, links erhobener kleiner Finger. Überall nur Eleganz.

Auf Madrid folgt Washington

Der Befehl zum Beginn der Revolution wurde von dem *tabaquero* und General Fernando Figueredo in Cayo Hueso in eine Zigarre gewickelt und in diesem Versteck nach Havanna gebracht. Dieser zweite Krieg stand im Zeichen des Tabaks, dessen Blume die kubanischen Patrioten und Dichter an den einsamen Stern in der Nationalflagge erinnerte – mit seinen fünf Zacken, der weißen Blumenkrone und der roten Borte. Die kriegerischen Zusammenstöße begannen am 24. Februar im Osten, wo auch der Zehnjährige Krieg ausgebrochen war. Ein Zufall? Die Revolte wurde ausgelöst, nachdem der spanische General Weyler ein Dekret erlassen hatte, welches das alte Tabakmonopol wiederherstellte. Spanien wollte sich das Exklusivrecht der Exporte sichern; sie sanken in einem Jahr von 15 000 auf 6000 Tonnen.

Ende März unterzeichneten José Martí und Máximo Gómez, der Militärchef des Aufstands, das Manifest von Montechristo. Am 19. Mai wurde Martí in Dos Rios im Gefecht mit den Spaniern getötet. Trotz dieses Verlustes siegten die Re-

Das Ewigweibliche als Werbung für die Zigarre.

A Castilla y a Leon
Nuevo mundo dio Colon.

bellen, denn Spanien war ausgemergelt. 1898 zwangen die Kriegskosten die Madrider Regierung zum zweitenmal an den Verhandlungstisch. General Weyler wurde durch General Blancos ersetzt, der nun zu friedlichen Mitteln griff. Blancos bildete in Havanna eine Regierung aus Autonomisten und Reformisten unter Ausschluß des Unabhängigkeitsflügels, dessen Vertreter *mambis* genannt wurden. Die empörten *mambis* zettelten einen Aufruhr in der Hauptstadt an. Die Amerikaner sandten das Kriegsschiff *Maine*, um ihre Landsleute zu schützen. Der Kreuzer explodierte auf der Reede, 260 Matrosen fanden den Tod. Unfall? Sabotage? Amerika wollte es nicht wissen, der Krieg begann. Im Pariser Vertrag vom 25. Oktober 1898 wurden den Spaniern Kuba, die Philippinen, Puerto Rico und Guam weggenommen.

Vistas. Der Mann mit dem Turban, Symbol des Tabaks in Malaysia. Die Tabakpflanze steht für Sanftheit, Wohlgeruch und Stille. Die Palmen verkörpern die Exotik und die friedliche Landschaft Kubas.

Kuba war damit noch nicht frei. Ein amerikanischer General mit 6000 Mann hatte drei Jahre die Macht inne. Erst 1901 gab eine gesetzgebende Versammlung der Republik Kuba eine Verfassung. Die amerikanischen Truppen zogen ab, jedoch zwang Washington Havanna das Platt Amendment auf: »Die kubanische Regierung gewährt den Vereinigten Staaten das Recht zu intervenieren, um die Unabhängigkeit zu garantieren und jeder Regierung Hilfe zum Schutz von Menschenleben, Eigentum und Freiheit des Individuums zu leisten.« Die Tabakfrage wurde durch ein auf Gegenseitigkeit beruhendes Handelsabkommen geregelt.

Gegenüberliegende Seite, oben: Ein Motorsegler verläßt die kubanischen Gewässer, wahrscheinlich mit Zigarren beladen. Unten: Christoph Kolumbus in seiner Kajüte auf der *Santa María* scheint nicht zu ahnen, daß für Millionen Liebhaber die Entdeckung des Tabaks jene Amerikas in den Schatten stellen wird.

Kapitel
III

20. Jahrhundert, die Geburt eines Mythos

Nichts wird ausgelassen, um die Zigarre im Zusammenhang mit Macht und Erhabenheit darzustellen. Auch der Adler wird zu Hilfe genommen, selbst wenn er auf einmal Kondor heißt – was für ihn nicht unbedingt einen Aufstieg bedeutet.

Der Krieg hatte eine Knappheit an Saatgut zur Folge, das man aus Mexiko und Puerto Rico einführen mußte. Ein großes Durcheinander machte sich im Produktionsprozeß breit, und die Qualität begann unter einer anarchischen Vielfalt zu leiden. Um Abhilfe zu schaffen, verteilte man an die Tabakpflanzer Saatkörner der Sorte *Havanensis*, teilte die verschiedenen Qualitäten nach Regionen ein und verbot schließlich im Jahre 1903 den Import von Saatgut, so daß die Havanna wieder zu ihrem ursprünglichen Ruhm gelangte. 1902 machte der Tabak 40 % des kubanischen Exports aus (1939 sollten es nur noch 10 % sein, ohne daß die Ernte – seit einem Jahrhundert durchschnittlich 25 000 Tonnen jährlich – abgenommen hätte; der Grund ist die Erhöhung der Zuckerproduktion).

Die *marquistas* des 20. Jahrhunderts hatten wenig mit ihren Vorgängern aus dem 19. Jahrhundert gemeinsam. Die leidenschaftlichen Tabakliebhaber, alteingesessene kubanische Patrizier, die meisten aus Asturien und Galizien stammend, wurden an der Spitze der bekanntesten Markenfirmen häufig durch Geschäftsmänner oder wenig charaktervolle Erben ersetzt: Verwaltungsmenschen oder rein marktwirtschaftlich denkende Geschäftsleute, nicht zuletzt amerikanische Finanziers, die auf große Investitionen bedacht waren, welche vor allem lukrativ sein sollten.

Die Kriege und Wirren der zweiten Hälfte des 19. Jahrhunderts haben dem Ruf der Havanna nicht geschadet. Sie festigte ihr Renommee in der ganzen Welt. La Gloria Cubana, Hoyo de Monterrey, Partagas, Romeo y Julieta, Upmann – alle großen Marken gewannen Goldmedaillen auf internationalen Ausstellungen, welche die allgemeine Prosperität unterstrichen, die indes noch lange nicht alle Menschen erreicht hatte. Der Erste Weltkrieg setzte dem ein Ende. Bereits vor seinem Ausbruch hatte die sich ständig in Bewegung befindliche Welt der Zigarre den Niedergang zahlreicher Fabriken erlebt, deren Ruhm als ein Garant für alle Ewigkeit angesehen worden war. So erlebten Antilla Cubana, La Imperiosa, Maria Guerrero und Senora Cubana den Niedergang. Es verschwanden ebenfalls die Regalias de Hoya de Monterrey, die Lieferanten des spanischen Hofes, und die von den Mönchen desselben Landes für den Klerus hergestellten Zigarren, die manche für die besten überhaupt hielten. Erhalten sind uns nur noch die leeren Schachteln und plattgedrückten Bauchbinden der Sammler und vermutlich, wenn tatsächlich nichts verloren gehen sollte, die Spuren ihres Rauchs im Universum.

Seite 82: Auch die Generäle rauchen Zigarre, wie Charles de Gaulle, gerade frisch befördert und weiter nach Höherem strebend.

MONTECRISTO
HABANA

1902 kaufte American Tobacco zahlreiche Marken und Fabriken auf. Einige leisteten dem eiskalten Profitdenken auf bewundernswerte Weise Widerstand: 1903 wurde Romeo y Julieta von dem Milliardär Pepin Rodriguez erworben, der das Hotel Capulet in Verona kaufte, um dem Namen seiner Marke mehr Geltung zu verleihen. Sein Eifer bescherte ihm indes nur die Konzession eines kleinen Tabakladens in der Empfangshalle.

Etikett in den spanischen Nationalfarben.

Nach Meinung der Amerikaner und auch von Don Jaime Partagas verbanden die großen Fabrikanten jener Zeit Kultur mit herstellerischer Perfektion. So Manuel Lopez für Punch, José Gener für Hoyo de Monterrey oder Juan Francisco Rocha für La Gloria Cubana. Die *finca* von Hoyo de Monterrey in San Juan y Martínez, heute die Plantage Hermano Saiz, baute Tabak auf 1350 Hektar an. 1928 übernahmen zwei Amerikaner die Plantagen von Rafael Gonzàlez.

Montecristo

Die Marke Montecristo, die am meisten verkaufte der Welt, wurde 1935 von den Brüdern Benjamin und Felix Menendez ins Leben gerufen. Sie erwarben im folgenden Jahr H. Upmann, kurz darauf Por Larrañaga und nahmen so noch vor dem Zweiten Weltkrieg, mit einer Jahresproduktion von über 25 Millionen Stück, den ersten Rang unter den Havanna-Herstellern ein.

Stich auf einem seidenen, gelbgoldenen Halstuch, »El Dia«, von F. Giro. Werbung der Fabrikmarke. In der Mitte ein Porträt von Doktor Don Bernardo de Jrigoyen. Barcelona. Gegenüberliegende Seite: Montecristo N° 2 (*figurado*). *Torpedo*, sehr kräftig. Havanna, Kuba.

Ihre Karriere hatte vor dem Ersten Weltkrieg begonnen; Felix war Einkäufer, Benjamins Vertreter bei Parra, welche das Brüderpaar 1913 aufgekauft und den Namen Menendez y Cia gegeben hatte. Zehn Jahre später, nach dem Eintritt ihres Onkels Alonso und José ›Pepe‹ Garcias – eines pensionierten Zigarrenherstellers aus Tampa – wurde daraus das Unternehmen Menendez y Garcia. Auf diese Weise verstärkt, begann die Firma auch selbst zu produzieren, zunächst auf den lokalen Markt beschränkt mit der Particulares. Weitere zwölf Jahre später wagte sie sich auf die internationalen Märkte der etablierten, großen *puros*. Das war die Geburtsstunde der Montecristo.

Louis-Noël Barbulée hat die Erinnerungen von Dona Dina Menendez Bastiony, der Tochter von Benjamin, an die Namenswahl für die Nachwelt erhalten – ein Name, der noch ein zweites Mal für Aufsehen sorgen sollte. Es war an einem Abend in Havanna, die Familie hatte soeben in einem Café, dessen Name unbekannt ist, einen Ausflug auf den Monte Altube beschlossen, als eine Flasche Lacryma-Christi, ein Wein vom Vesuv, serviert wurde; und so kam es, daß die Teile der Namen Monte Altube und Lacryma-Christi sich in Montecristo wiederfinden. Das Gebirge, der Wein, sicher auch Dumas, brachten ihnen Glück. Es darf darauf hingewiesen werden, daß der Historiker Honfleurais Oexmelin in seinem Werk *Geschichte der in Westindien berühmt gewordenen Freibeuter und Bukaniers* mehrmals einen unweit von Kuba, auf der Insel Santo Domingo gelegenen Ort gleichen Namens erwähnt. Die Erstausgabe wurde 1678 auf niederländisch herausgegeben.

Boris Artzybasheff, *The Busiest Man in Town*, Holzstich. Veröffentlicht in *Time*, New York, 1934–1935.

Vorhergehende Doppelseite: Umgeben von seinen Leibwächtern unterschreibt Fidel Castro mit der Zigarre im Mund ein ihn verherrlichendes Plakat, derweil die Menge ihn bestaunt.

Dieses Märchen aus der Zeit zwischen den beiden Weltkriegen bleibt eher die Ausnahme. Derweil in Europa die wilden Zwanziger herrschten, ging es in Kuba weniger hektisch zu. Die schöne Zeit während des Ersten Weltkriegs, als der Zuckerpreis drastische Höhen erreichte und Millionen auf der Straße tanzten, war vorüber. Wirtschaftskrisen und Korruption waren an der Tagesordnung. Ende der dreißiger Jahre regierte mit Meyer Lansky und dem Segen des Volkstribunen Batista die Mafia in Havanna. Die *puro* indes, das Symbol für Luxus, entging jeder Krise.

Der Zweite Weltkrieg war für die Tabakindustrie eine Zeit der Prosperität. »Wir arbeiteten ununterbrochen für die Alliierten,« erinnert sich der Doyen der *chinchaleros* – kleine Manufakturbesitzer, von denen es hunderte in Kuba gab. »1945 begannen die Schwierigkeiten. Die Fabriken mußten viele entlassen.«

Nachdem der Schock des Friedens verarbeitet war, zog der Konsum Ende der fünfziger Jahre wieder an. Dann brach plötzlich die Revolution über das Land herein. Am 2. Januar zogen die Aufständischen von Fidel Castro in Havanna ein. Der Diktator Batista floh nach Santo Domingo. Der Schaden hätte sich in Grenzen gehalten, wenn ihm nicht viele renommierte Zigarrenfabrikanten, Inhaber großer Marken, wie jene der Tabacalera Americana, gefolgt wären, was den Sieger in seiner Meinung über die unverbesserlichen Kapitalisten bestärkte.

FIDEL CASTRO UND DIE *PURO*

Hatten die *marquistas* Kuba verlassen? »Die Zeit der Marken ist vorbei«, verkündete der *Líder máximo* 1960 zur allgemeinen Verblüffung. Selbst seine engsten Begleiter sollen darüber verwundert gewesen sein, sagt man heute. Der bekannteste unter ihnen, Ernesto ›Che‹ Guevara, obgleich Argentinier, soll ihn angeblich zu einem Aufschub gedrängt haben. Doch die Authentizität dieses Ersuchens scheint weniger verbürgt angesichts der Tatsache, daß dieser im darauffolgenden Jahr in seinem Vorwort zu der *Biografía del tabaco habano* von Gaspar Garcia sehr unterschiedliche Erklärungen abgab. »Das Zuckerrohr und der Kaffee«, so beginnt er, »kommen aus fernen Gegenden, wurden vom Kolonisator in unser Land gebracht hat, während der Tabak schon immer uns gehörte. Wir sind wir nicht mehr das Land der Havanna«, fährt er fort, »sondern das Fidel Castros und der kubanischen Revolution. Die übertrieben verherrlichte Havanna sollte sich dieser Tatsache fügen. Ihre Rolle wird weniger bedeutsam sein, aber das stört uns keineswegs. Kuba darf fortan nicht ein bloßer Produzent von Verbrauchsgütern sein, die zur Befriedigung der Launen einiger weniger dienen.« Diese Ansichten konnten wahrlich nicht zur Verteidigung der Zigarrenmarken beitragen. Er sollte später seine Meinung ändern, zumindest was die Havanna anbelangt.

August Sander, *Porträt eines Bankiers.* Köln, um 1932.

Einen Aufschub gab es nicht. Die Namen, Kisten, Etiketten und die Bauchbinden, derer sich Kuba seit über einem Jahrhundert rühmte, wurden abgeschafft. Es verschwanden Henry Clay, La Corona, Villar y Villar und rund hundert andere. Die Fabrik H. Upmann der Menendez-Familie, die Produktionsstätte der Montecristo, wurde auf José Martí umgetauft. Es hatte 960 Zigarrensorten in Kuba gegeben. Diese Zahl reduzierte sich auf vier, alle künftig unter dem Namen Siboney, dem Familiennamen eines Patrioten. Vier Sorten, hergestellt unter dem Monopol des Staates von einer staatseigenen Gesellschaft, der Cubatabaco.

Die Folge war ein sofortiger Zusammenbruch des Exports. Castro handelte nicht halsstarrig, im Gegenteil, er verhielt sich außergewöhnlich pragmatisch. Die Plantagen waren verstaatlicht worden, doch gab man jetzt den kleinen

Tabakbauern, den *vegueros*, ihren Besitz zurück – er machte 90 % der Tabakanbaufläche aus –, nur das Eigentum der Emigranten blieb konfisziert. Der Tabak war gerettet. Blieb die Zigarre. Wie konnte die Produktion angekurbelt werden?

Man fragte Davidoff in Genf um Rat. Dieser anerkannte Experte und Geschäftsmann empfahl die Wiedereinführung der Marken und die Aufnahme traditioneller Produktionsmethoden. Che Guevara hatte kein Gehör gefunden, anders Davidoff. Cubatabaco bot bald wieder mehr als 300 Sorten an, alle mit Bauchbinden berühmter Marken versehen. Die Bauchbinde ziert zwar die Zigarre, sagt aber wenig über ihren Gehalt aus. Man war sich in Liebhaberkreisen einig, daß die Qualität zu wünschen übrig ließ. Es waren nicht nur die Eigentümer ins Exil gegangen, sondern auch die besten Fachleute. Eine Reihe schlechter Ernten bestätigte diesen Pessimismus, und die Klagen nahmen zu: Die Havanna sei nicht mehr das, was sie einmal war, und die wiedereingeführten Marken seien Augenwischerei. Der Export stagnierte, doch dann kam die Wende. Nicht alle Fachleute waren gegangen. Die hervorragende Ernte von 1964 und die daraus resultierende gute Qualität der Produkte überzeugten auch die größten Pessimisten: Der Marxismus und die Havanna waren keine Gegensätze mehr. Lenin hatte es vorgemacht, warum hatte man das vergessen?

White-Cat, Standardqualität.

Gegenüberliegende Seite: Che Guevara, Kuba.

Folgende Seiten: Diplomaticos, Untermarke von Montecristo.
Groucho Marx im Jahre 1952. Er zündete niemals die Zigarren an, mit denen er sich fotografieren ließ.

DIPLOMATICOS
HABANA

Doggen und Bulldoggen wurden gern mit Zigarren in Verbindung gebracht.

Gegenüberliegende Seite: Aleksandr Mikhajlovitch Gerassimov, *Porträt der Künstler Ivan Pavlov, Vassili Bakcheiev, Vitold Bialynitski-Biroulia und Vassili Meshkov*. 1944. Öl auf Leinwand.

Zigarren werden als Freunde von Macht und Größe dargestellt,
hier durch das Mittel der Architektur.

DIE COHIBA

Heute, gut dreißig Jahre später, bedarf es keiner Klagen mehr. Exzellente Qualität ist für Fidel Castro nicht länger ein Fremdwort. Er persönlich hatte die Herstellung einer *puro* beschlossen und überwacht, einer Zigarre, die alle anderen übertreffen und seinen Freunden, Staatschefs und von ihm für wichtig erachteten Persönlichkeiten vorbehalten sein sollte. Eine solche Zigarre konnte nur ein Produkt aus vergangener Zeit sein, hervorgegangen aus einer der altehrwürdigen Marken. Sie sollte das Symbol für die neue Gesellschaft sein, so wie die Marken Henry Clay, Villar y Villar und andere für den inzwischen überwundenen Kapitalismus gestanden hatten. Die Zigarre sollte auch einen Namen tragen, der an das Kuba vor Kolumbus erinnerte, als die noch freien Indianer der Welt die Zigarre schenkten. So kam man auf den Namen Cohiba, den die zu ihrem Unglück von Christoph Kolumbus entdeckten Taino-Arawak-Indianer ursprünglich ihrem Tabak und ihren Zigarren gegeben hatten. Dieser Name, der viereinhalb Jahrhunderte koloniale Feindseligkeit vergessen machen sollte, wurde auf den Ratschlag von Celia Sánchez, einer Mitkämpferin der Revolution und Vertrauten Castros, übernommen. Letzterer schlug ihn Eduardo Rivero vor, dem Hauptverantwortlichen für den Auslesevorgang, der den Namen sogleich akzeptierte. So kam es, daß der Öffentlichkeit eine *puro* präsentiert wurde, die zunächst den Freunden der Revolution vorbehalten war.

Sir Winston Churchill mit Ehefrau Arabena und einem seiner Enkel vor Downing Street N° 10 in London.

Das Abenteuer begann 1962, drei Jahre nach der Machtübernahme, mitten in der »revolutionären« Krise der Havanna-Zigarre, und noch vor der von Davidoff inspirierten Umstrukturierung, die mit der 64er Ernte vollendet wurde.

Eduardo Rivero war zwanzig Jahre alt. Er rollte Zigarren seit seinem siebten Lebensjahr und war ein Freund von Bienvenido Pérez Salazar, genannt »Chico«, Leibwächter von Fidel Castro. Er hatte eine Zigarre mit einem neuen Aroma komponiert und ließ seinen Freund probieren. »Eines Tages«, erinnert er sich, »in den Anfängen der Revolutionsregierung, probierte Fidel Castro eine meiner Zigarren, und sie schmeckte ihm. Sein ständiger Begleiter Chicho erzählte ihm darauf meine Geschichte. (...) So wurde ich zum alleinigen Lieferanten des Oberkommandierenden und seiner Eskorte.«

1963 entschloß sich Fidel, im Zuge des »Plan Especial de Tabaqueria« in einer eigenen Fabrik eine hochwertige Zigarre zu entwickeln, deren Produktion er persönlich überwachte. »Fidel hat nämlich einen außergewöhnlichen Gaumen«, bestätigt Eduardo Rivero. Zweihundert Prostituierten wurde ein Arbeitsplatz in der neuen Fabrik beschafft, die in dem verlassenen Palast der Gräfin Pinar del Río in einem der schönsten Viertel von Cubanacán – der Hauptstadt der Vuelta Abajo – angesiedelt ist (»Für den Zufall ist in menschlichen Dingen wenig Platz«, bemerkte Bossuet). Den Namen Pinar del Rio wählte später Leopoldo Gonzales Carbajol, ein Abkömmling der Familie Cabanas, einer seit 1810 bestehenden Tabakdynastie, für seine Zigarren. Die Fabrik trägt den Namen El Laguito, und Eduardo Rivero übernahm die Geschäftsleitung. Er begnügte sich nicht damit, die schönsten Blätter in den herrlichen Auen der Vuelta selbst auszuwählen und den Produktionsprozeß mit Argusaugen zu überwachen (einschließlich der dreifachen Fermentierung, die nach Ansicht vieler das Geheimnis der Qualität der Cohiba birgt), sondern richtete 1967 eine Plantage ein, deren Tabakernte ausschließlich seiner Fabrik vorbehalten war. Aber die Wunderzigarre hatte noch immer keinen Namen. Es mußte einer gefunden werden, was im Jahre 1968 geschah, als Celia Sánchez ...

Upmann und Partagas, zwei der größten und ältesten Namen von Havanna-Fabrikanten. Heute ist das Partagas-Gebäude der bedeutendste Ausstellungsraum für die Puro in Havanna.

Im selben Jahr wurde der Kapitalismus fast gänzlich beseitigt – erneut mit Ausnahme der Landwirtschaft. Patriotische Brigaden wurden damit beauftragt, alle Spuren des Klassenfeindes auszulöschen, vor allem die Markennamen in Havanna, welche die Fassaden zierten. Es waren dieselben Markennamen, die Cubatabaco in der Zeit »des großen Schritts rückwärts«, als die katastrophale Fehlentscheidung für die *Siboney* mit nur vier Sorten korrigiert wurde, für ihre Produkte gewählt hatte. Man druckte sie auf die Bauchbinden, nur als Firmenzeichen wollte man sie nicht mehr haben.

1845
PARTAGAS
FABRICA DE TABACOS

Doch der Tatendrang der revolutionären Brigaden kannte auch seine Grenzen. Die Zeitschrift *L'Amateur de cigare* machte sich 1995 in Havanna auf die Suche nach Andenken aus dieser Zeit, und ihre Reporter hatten Erfolg. Man sieht heute noch das bekannte Markenzeichen von Romeo y Julieta in Stein gehauen und mit der Jahreszahl 1903, dem Jahr der Erbauung, versehen an der Fassade des Hauses N° 2 der Calle Padre Varela. Einige Fenster schauen ins Leere, ein Teil des Gebäudes stürzte 1993 ein, hinter anderen befinden sich Wohnungen, auf deren schmiedeeisernen Karibikstil-Balkonen man Wäsche zum Trocknen, abgestellte Fahrräder und charmante Menschen erkennen kann. Auch die Marken La Corona, Por Larrañaga, La Escepción, Ramón Allones und ein Dutzend andere haben ihre Spuren hinterlassen. In der Calle Belascoain N° 864, wo 1898 El Credito von Calixto Mauri zusammen mit sieben Angestellten gegründet wurde – und im Jahr 1914 800 Menschen beschäftigte –, befindet sich heute die Druckerei des Zentralkomitees der Kommunistischen Partei Kubas. Calle Máximo Gómez, Ecke Avenida de Bélgica, wo Pedro Muria 1860 das prunkvolle Gebäude der La Meridiana errichtete, ist gegenwärtig das Ministerium für Außenhandel untergebracht. Was die 1850 in der Calle Zulueta gegründete Marke Calixto Lopez anbelangt, ist das Gebäude seiner Bestimmung treu geblieben: die Habanos S.A. hat dort Büros eingerichtet.

Schließlich sei noch die Cohiba-Zigarre erwähnt. El Laguito beschäftigt heute 250 Angestellte. Nach den Repräsentanten des kubanischen Staates ist sie die beste Zigarre der Welt.

Cohiba

Archibaldo, Comic-Figur. Karikatur des eleganten und müßigen Amerikaners.

HAVANNA UND DIE REVOLUTION

Fidel Castro, der das Rauchen aufgegeben hat, war über viele Jahre ein zu großer Freund des Tabaks, um am Symbol kubanischer Vortrefflichkeit Anstoß zu nehmen. Sein heiliger Zorn konzentrierte sich auf die kapitalistischen *marquistas*. Die Zigarre dagegen hatte sich um seine Revolution verdient gemacht. Antonio Jimenez, Doktor der Philosophie, war einst Che Guevaras Adjutant sowie Botschafter und stellvertretender Kultusminister Kubas. Er ist Autor einer *Studie über die Entdeckung des Tabaks* und des 1994 in Mexiko publizierten *Tabakbuchs*. Heute leitet der Liebhaber von »Schweineschwänzchen«, wie die von den kubanischen Bauern gerauchten Zigarren genannt werden, die *Stiftung für Mensch und Natur*. Er beschreibt die Rolle des Rauchens so: »Während der ersten Jahre der Revolution kamen wir nicht zum Schlafen. In den Kampfpausen halfen uns die stimulierenden Eigenschaften der Zigarre, wach zu bleiben. »Che Guevara«, erinnert er sich, »rauchte seine erste Zigarre im Buschwald von Santiago.« Als nach dem Sieg der Revolution die Agrarreform durchgeführt wurde, war Jimenez einer ihrer Organisatoren. Auch jetzt fand sich zum Schlafen wenig Zeit. Che Guevara befand sich in derselben Situation, die er so kommentierte: »Wir hatten nicht einmal Zeit zu essen. Die Zigarre half uns, während des Tages mit dem Hunger fertigzuwerden.«

Guevara, der an Asthma litt, begann mit dem Rauchen in der Sierra Maestra. Er folgte dem Beispiel seiner Kameraden, die sich so gegen die Mücken zur Wehr setzten. Er schnitt seine Zigarren in drei Teile und steckte die Stücke in eine Pfeife. Später rauchte er täglich drei bis vier Partagas und H. Upmanns. Da ihm Verschwendung ein Greuel war, zog er auch dann am Stummel, wenn der ihm fast die Lippen verbrannte. Vor seiner Abreise in den Kongo, wo Che 1965 ein zweites Vietnam schaffen wollte – sein Traum war eine ganze Serie von Vietnams, mit denen er den Kapitalismus bluten lassen wollte –, machte sich Antonio Jimenez Sorgen wegen seines Asthmas. Er beschwor ihn, auf seine Ärzte zu hören – Che war übrigens selber Arzt – und das Rauchen aufzugeben. »Ich möchte, daß man mir ein *tabaco* pro Tag zugesteht«, gibt Guevara schließlich nach. Am nächsten Tag trug er eine für ihn gerollte und nach ihm benannte Zigarre von einem Meter Länge mit sich herum. Sein Biograph Jean Cormier berichtet, daß einige Monate vor Guevaras Tod 1967 in Bolivien Régis Debray zwei Kisten Churchills zu ihm brachte. Che teilte sie mit seinen Guerilleros.

Folgende Seiten:
Magritte, *Die Ausnahme*, 1963. Belgien. Öl auf Leinwand, 33 x 41 cm. Diese befremdende Kreatur – halb Zigarre, halb Fisch – verströmt keinen fröhlichen Eindruck.

Kapitel IV

Tabakanbau und Zigarrenfertigung

In Havanna

Zigarrenraucher sind heute selten in Havanna, und die wenigen, die man zu Gesicht bekommt, sind alle in fortgeschrittenem Alter. Vor den Sehenswürdigkeiten der Altstadt und an den Zugängen der Hotels stehen junge Leute und bieten zu einem Drittel, Viertel oder Fünftel des Preises der exquisiten Originalware – La Corona, Partagas oder Cohiba ... – falsche *puros* zum Verkauf an. Sie selber rauchen nicht. Die wenigen Fabriken, die der Öffentlichkeit zugänglich sind, sehen sich einem Ansturm von ausländischen Besuchern gegenüber, die ihre Läden mit Taschen voller Kostbarkeiten wieder verlassen. Die im Erdgeschoß der Partagas-Fabrik untergebrachte Casa del Habano, die Cabanacan S.A. gehört, ist das stets gut bestückte »Schaufenster« der kubanischen *puro*-Produktion. Im Durchschnitt wandern hier täglich achtzig 25er-Kisten in klassischer Ausfertigung über den Ladentisch, was 2000 Zigarren entspricht. Hinzu kommt die Produktion der Fabrik selbst. Sie ist der UNETA (Union de Empresas del Tabaco/Vereinigung der Tabakunternehmen) unterstellt, die täglich 22 000 Zigarren fertigt, das sind 4 200 000 Stück im Jahr (1995) oder etwa 7 % der für den Export bestimmten Gesamtproduktion der Insel.

Auf dem Land sind die Raucher zahlreicher. »Schweineschwänzchen« ragen aus ihren Mündern. Die Kubaner, allerdings nicht die Kubanerinnen, haben Anspruch auf vier *puros* im Monat, deren Kauf in den Lebensmittelheften vermerkt wird. Selbst Nichtraucher sind gewissenhafte Kunden; sie tauschen ihre Zigarren gegen andere Waren, mit denen sie sich das Leben versüßen.

Vista der Marke El Tolna.

Katastrophen und Solidarität

Die Produktion der Havanna hat schlimme Jahre durchlebt. Nach dem Untergang der Sowjetunion, der großen Stütze der kubanischen Wirtschaft, erfaßte die Insel eine dramatische Krise. Über Nacht fehlte es an allem. Eine »Sonderperiode« mit allgemeinen Rationierungsmaßnahmen begann, während der die Kubaner ein persönliches Konsumheftchen, die *libreta,* erhielten. Auf den Tabakplantagen, denen es an Dünger und Pflanzenmitteln mangelte, vernichtete zwischen 1980 und 1981 der *Moho azul,* ein Schimmelpilz, 80 % des Ernteertrags, ein Verlust, der nicht mehr ausgeglichen werden konnte. Die Ernten der Jahre 91/92, 92/93 und 93/94 fielen noch katastrophaler aus. Der *Moho azul* ist zwar besiegt, doch verheerende Regenfälle verwüsteten die Pflanzungen. Die Knappheit an Produktionsmitteln ist inzwischen überwunden. Die großen Importeure und Vertreiber der Havanna – Spanier und Franzosen an der Spitze – haben in einer verständlichen Anwandlung kaufmännischer Solidarität Rußlands Platz eingenommen.

Adriano Martinez, Geschäftsleiter der Habanos S.A., die im Dezember 1994 der Cubatabaco nachfolgte, faßte das Vorgehen 1995 für die Zeitschrift »*L'Amateur de cigare*« zusammen: »Die Tabacalera- und Seita-Leute haben uns Kredite gewährt, wobei die Spanier wesentlich mehr gaben als die Franzosen (Spanien, das die Zigarre entdeckt und die Fertigungsnormen der *puro* fixiert hat, ist der weltweit bedeutendste Abnehmer). Dadurch können wir beider Bedarf an Havannas und Rohtabak garantieren. Sie unterstützen uns auch bei der Steigerung unserer Produktivität, so daß wir an andere Kunden mehr verkaufen. Alle unsere Importeure, alle unsere Vertreiber, haben sich an der Finanzierung der Ernte von 1994 und 1995 beteiligt.«

Gegenüberliegende Seite: Allein dieser Anblick lohnt schon die Reise nach Havanna.

Nachdem die finanzielle Frage geklärt und die Parasiten vernichtet waren, blieb nur noch das Wetter mit seinen unkontrollierbaren Schwankungen als Unsicherheitsfaktor. Im Februar 1995 zerstörte eine Kälte- und Regenwelle (übermäßiger Regen ist der Hauptfeind des Tabaks) ein Drittel der vielversprechenden Ernte. Die *tabaqueros* brachten aus ihren Reservebeständen zum zweitenmal Jungpflanzen auf den verwüsteten Plantagen aus, und der Himmel lohnte es ihnen. Mit feuchtem, kühlem Wetter folgten nach Kälte und Regen bis Ende März klimatische Idealbedingungen. Der Tabak gedieh schon bald prächtig, und die Blätter waren von hervorragender Qualität. Der Ernteertrag lag bei über 33 000

Tonnen, so daß die Habanos S.A. die Zahl der voraussichtlichen Lieferungen an den internationalen Markt, die im Jahr 1994 55 Millionen Stück nicht überschritten hatten, auf 70 Millionen korrigieren konnte. Die abschließenden Verkaufszahlen stagnierten zwar bei 65 Millionen, doch war eine langanhaltende Pechsträhne durchbrochen und auch die Prognosen für die folgenden Jahre liegen günstig. Felix Jimenez, der Generaldirektor von La Corona, der bedeutendsten Zigarrenfabrik in Havanna, stellte fest: »Die Regierung hat nicht nur ihren Entschluß bekräftigt, dem Tabak eine bevorrechtigte Stellung einzuräumen, sondern dies auch wirklich getan. Schließlich hat sie die Pflanzer dieses Jahr in jeder Hinsicht unterstützt. Jetzt ist es an uns zu zeigen, daß wir Spitze sind.«

Die Vuelta Abajo

Bereits bevor man das Gebiet der Vuelta Abajo für Anbauzwecke zu nutzen begann, galt Tabak aus Kuba als der beste der Welt. Die Pflanzungen der Vuelta haben diesen Ruf noch gestärkt. Gute Havannas sind deshalb so unvergleichlich, weil sie aus den Tabakpflanzen dieser Vuelta gefertigt werden.

Vuelta Abajo, das sind 40 000 Hektar Boden, von denen sich 32 000 Hektar im Besitz von Kleinbauern befinden, die sie auch bewirtschaften; das sind 9000 Betriebe, 48 leichte Bodentypen von im allgemeinen braunroter Farbe und leichter, meist sandiger Beschaffenheit; das sind 23° Celsius von November bis Mai ohne allzu viel Regen – Regen ist eine Plage – und 80 % relative Luftfeuchtigkeit. Alle Tabaksorten, alle veredelten Arten der *Nicotiana* fühlen sich hier wohl.

Soviel als Überblick zu den geographischen Merkmalen der Vuelta Abajo, die sich um Pinar del Río, dem »Pinienwald am Fluß«, erstreckt. Pinar del Río gilt als Welthauptstadt des Tabaks und wurde 1774 von den Spaniern knapp 200 km von Havanna entfernt gegründet. Französische Freibeuter, die an den Küsten dieser Provinz geschmuggelten Tabak an Bord nahmen, sollen der Welt verkündet haben, wie hervorragend der Boden dort ist, nachdem es den Kolonisatoren lange Zeit verborgen geblieben war. Ob Legende oder nicht, Tatsache ist, daß der Tabak der Vuelta Abajo jedem anderen überlegen war, was 1772 offiziell anerkannt wurde, als man sich, wie die *Encyclopédie du tabac* (*Enzyklopädie des Tabaks*, Temps-Verlag) vermerkt, dort an den Anbau machte. Die Indianer hatten ihn auch in dieser Gegend von jeher angepflanzt, doch verwendeten sie eine andere Tabaksorte.

Der Tabakanbau

Die Sämlinge werden im September in Saatbeete ausgebracht und nach 40 Tagen, wenn die Pflanzen ungefähr eine Größe von 15 cm erreicht haben, auf die Felder gesetzt. Nach 85 Tagen wird die Ernte eingebracht, die in verschiedenen Phasen von Januar bis März erfolgt. Gepflückt wird Blatt für Blatt, wobei man unten an der Pflanze beginnt. Würze und Aroma der mittleren Blätter sind am besten. Die unteren Blättern haben davon zu wenig, die oberen zuviel. Das Pflücken entspricht einem ersten Aussortieren, bei dem nicht weniger streng vorgegangen wird als bei der Traubenlese für einen hervorragenden Wein. Die geernteten Blätter werden sofort in großen rechteckigen, mit Baumwolle ausgelegten Palmholzkörben in die Trockenschuppen abtransportiert. Dort hängt man sie, jeweils paarweise am Stiel zusammengenäht, für 50 Tage zum Trocknen über Stangen. Diese sind in einem Abstand von etwa einem Meter übereinander angebracht, wobei sich die oberste Stange in 6 oder 7 m Höhe befindet. Im Dunkeln und unter Luftzufuhr von außen vollziehen hier die Blätter einen ersten Fermentierungsprozeß. Anschließend sortiert man sie. Man unterscheidet dabei zwischen den Deckblättern – sie bilden die Oberhaut der Zigarre und sind am größten und schönsten –, den Umblättern – sie entsprechen der Lederhaut –, und den Einlageblättern – sie bilden das Herz der Zigarre. Nach dem Sortieren werden sie befeuchtet, in Palmblätter gewickelt und in Zwischenlager gebracht, wo man sie mehrere Male – im Durchschnitt sechsmal – wendet, um einen einheitlichen Reifeprozeß zu erzielen, der einer zweiten Fermentation gleichkommt. Es folgt das Entrippen, das Entfernen der Hauptader des Blattes (die kräftige Handbewegung, mit der die Arbeiterinnen das Blatt in zwei Stücke teilen, ist ein Muster an Eleganz und Präzision), nachdem die Blätter zuvor erneut befeuchtet wurden. An das Entrippen schließt sich das Mischen an. Hier kommen die großen Magier des Tabaks zum Einsatz, die Ernte für Ernte den großen Zigarren ihre spezifische Würze, ihr Aroma, ihre Fülle, ihre geschmackliche Ausgewogenheit und Kontinuität verleihen. Es werden vier Tabaksorten gemischt: *volado, seco, ligero und medio tiempo,* wobei Aroma und Nikotingehalt in dieser Reihenfolge zunehmen. Auch die Geschwindigkeit des Abbrennens ist unterschiedlich. Durch die Mischung unterscheidet sich die Cohiba von der Hoyo, die Lusitanias von der Double Punch, die 8-9-8 der Marke Partagas vom entsprechenden Format der Marke Bolivar.

Folgende Seiten:
Das Tal von Viñales, Kuba, 1995.

Oben: Die Tabakpflanzen von Corojo, die die größten Deckblätter liefern, werden nach dem Umsetzen auf die Felder vor der direkten Sonneneinstrahlung durch Tapados – riesige, feinmaschige Netze aus Baumwolle – geschützt. So werden Feuchtigkeit und Wärme gespeichert, die für eine perfekte Reifung der Blätter notwendig sind.

Die Mischungen werden den Zigarrenrollern anvertraut. Sie sind wahre Künstler und stehen am Ende eines Fertigungsprozesses, der, beginnend mit dem Ausbringen der Sämlinge, nicht weniger als 292 Einzelschritte umfaßt und bei den feinsten Zigarren von 18 Monaten bis zu 3 Jahren dauern kann.

Der Zigarrenroller (*torcedor*) fügt das Deckblatt, das Umblatt und die Einlage, die aus drei Tabaksorten besteht, zusammen. Er benötigt hierzu nur ein kleines Brett und die Chaveta, eine scharfgeschliffene, halbmondförmige Stahlklinge, mit er die Deckblätter ausschneidet. Für den Laien grenzen seine geschickten

Fortsetzung des Trocknungsprozesses im Trockenschuppen von José Manuel Sisto in Viñales. Kuba, 1996.

Bewegungen an ein Wunder. Durch seine Arbeit wird die Zigarre zu einem so vollkommenen Objekt, daß beim Zigarrenliebhaber allein das Betrachten bereits Glücksgefühle hervorruft. (Die Kubaner sagen, daß man zehn Jahre und Talent braucht, um ein guter *torcedor* zu werden.) Haben die Zigarren die Hände der Zigarrenroller verlassen, werden ihnen sanft wie von Feenhänden die Bauchbinden angelegt. Danach geben Arbeiterinnen die Zigarren in große Schränke, wo sie sich von der rohen Behandlung erholen können, der sie sich auf dem Weg zu ihrer Vervollkommnung unterwerfen mußten (der gerollte, gepreßte und gestraffte Tabak entspannt sich und gibt die überschüssige Flüssigkeit ab, mit der er belastet wurde, um, ohne zu brechen, in Form gebracht zu werden). Anschließend füllen Packerinnen die Zigarren – alle Bauchbinden exakt auf gleicher

Höhe – in Kisten aus Zedernholz. Etikettiererinnen kleben die grünen Garantiestreifen auf, die in der ganzen Welt Respekt wecken. All diesen Handgriffen wohnt eine wunderbare Sanftheit inne. Ohne Zärtlichkeit gibt es keine Zigarre.

Ein Thermometer beim Trocknen der Blätter.

Die Atmosphäre

Gegenüberliegende Seite: Tabakballen, Kuba.

Pinar del Río scheint sich seit seiner Kolonialzeit kaum verändert zu haben. Niedrige, trotz Verfall reizvolle Bauten fügen sich zu einem Schachbrett mit bald schlicht, bald überladen gestalteten, farbigen Kolonnaden, an denen sich neben dorischen, ionischen und korinthischen Säulen alle nur denkbaren weiteren Ordnungen ausmachen lassen. Jedes Haus hat seine Veranda. Man sieht auch aus Eisen geschmiedete, reich verzierte Balkone, die an den Mudejarstil Sevillas erinnern. In unmittelbarer Nähe des Stadtkerns liegt die Zigarrenmanufaktur Francisco Donatien, hinter deren himmelblauen Säulen 300 Menschen ihrer Arbeit nachgehen. Es sind zum Großteil Frauen, fast alle gutgelaunt. In der Manufaktur werden für den heimischen Markt Zigarrenformate wie Cazador, Nacional, Petit Cetros und Brevas gefertigt. Ein schöner Laden, gedrängt voll mit begeisterten Touristen, bietet zudem für das Ausland bestimmte Ware der großen Zigarrenmarken an. Ständig bringen staubbedeckte Busse (in Kuba ist Teer knapp, und das Regenwasser verdunstet schnell in der Sonne) von morgens bis abends neue Kundschaft heran.

Die berühmten Dörfer San Juan und San Luis liegen in einer sanften Hügellandschaft, die sich bis Consolación del Sur an der östlichen Grenze der Vuelta Abajo erstreckt. Im Norden, bei Viñales, reicht sie bis an die Hänge der Sierra de Rosario heran, einer imposanten mit Urwald bewachsenen Kalksteinformation aus der Zeit des oberen Jura. Der Wechsel zwischen den Senken und Höhen ist so wenig ausgeprägt, daß man noch von einer Ebene sprechen kann. Sie ist eine jener Anbauflächen, die von der alten Bauernschaft immer wieder zerstückelt wurden, und bildet einen Flickenteppich auf denen man Tabak, Mais, Gemüse oder Wiesen vorfindet. Da die Anbauzeit für Tabak sechs Monate dauert, die Pflanzen zum Reifen aber nur drei Monate benötigen, liegen Felder mit reifem Tabak neben solchen, auf denen eben erst Jungpflanzen eingesetzt wurden. Die Weidefläche hat die Form eines Kreises von 30 bis 40 m Durchmesser, der wegen der Bodenerhebungen allerdings nicht völlig rund ist. Kuhreiher hüten das Vieh; jedes Tier hat seinen gefiederten Gesellen. Oberhalb von Viñales, um das sich Vega 14, das zwar nicht beste, doch schönste Tabakanbaugebiet Kubas erstreckt, liegt das Hotel Los Jazmines. Von dort aus kann man beobachten, wie nach Einbruch der Nacht das Land in pechschwarzer Finsternis versinkt. Kein Lichtschein weist darauf hin, daß hier Menschen leben. Nur Bäche, zwischen zwei Windungen ihres Laufes von der Vegetation freigegeben, und Teiche sprenkeln dieses berühmte Stück Kuba mit hellschimmernden Flecken. Schließlich gehen Lichter an wie aus vergangenen Zeiten: Feuerstellen, Kerzen, Laternen. Stille herrscht, nur hin und wieder durchbrochen vom Blöken eines Schafes, dem Muhen einer Kuh oder dem Gebrüll eines Esels. Manchmal erinnert Motorenlärm daran, daß wir uns im 20. Jahrhundert befinden. Ein ohrenbetäubendes Gurgeln erdröhnt, typisch für die großen 5- und 6-Litermotoren der amerikanischen Wagen aus den 30er, 40er und 50er Jahren, die, von fanatischen und einfallsreichen Mechanikern gehätschelt, in großer Zahl den Verkehr der Insel bestimmen.

Arbeiterin beim Entrippen in Viñales.

Gegenüberliegende Seite: Die Abteilung der *torcedores* in der Partagas-Fabrik im Zentrum von Havanna.

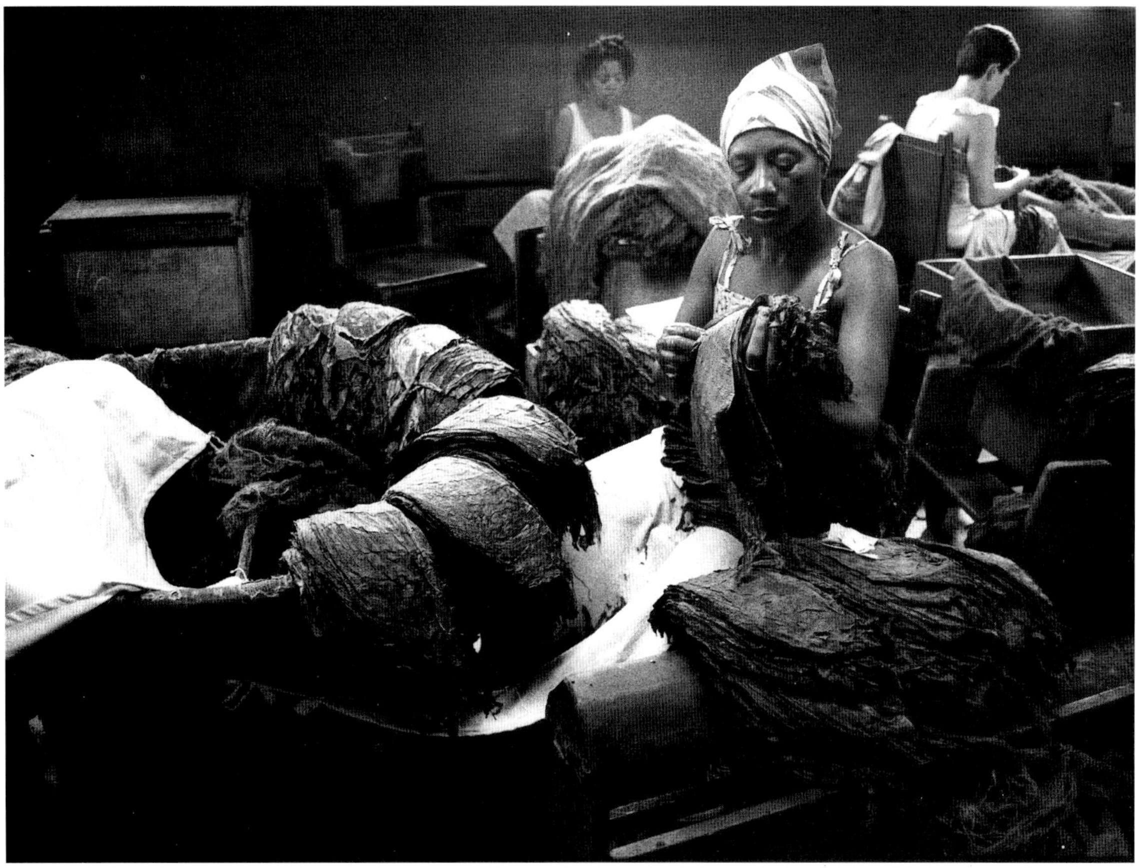

Oben: Entrippen (span. *despalillo*) und Pressen der Tabakblätter in Viñales.
Unten: Sortieren der Blätter nach Größe bei H. Upmann in Havanna.
Gegenüberliegende Seite: Arbeitsplatz eines *torcedor* mit den Formen, in denen die Zigarren vor Anbringen des Deckblattes gepreßt werden.

Oben: Sortieren der Zigarren nach ihrer Farbe.
Unten: Zusammenbinden der Zigarren zu *medias ruedas* (sog. »Halbräder«, die aus 50 Zigarren bestehen).
Gegenüberliegende Seite: Bestimmung des Formats und Qualitätskontrolle.

Oben: Die Zigarren werden in Kisten verpackt.
Unten: Aufkleben der *vistas*.
Gegenüberliegende Seite: Die Partagas-Fabrik, Havanna, 1996.

Palmen bestimmen das Gesicht der Landschaft, darunter die dickbäuchige *Palma barrigona* oder die wie eine graue Rakete wirkende Königspalme, deren grüner Helmbusch in einer Art Blitzableiter endet. Überall stößt man auf die Trockenschuppen der *vegueros*, die mit ihren bis zum Boden reichenden, palmblattbedeckten Dächern wie große graue Zelte wirken. Dort, in der Stille und Dunkelheit, trocknen und atmen die Blätter auf ihren Stangen. Ohne daß ein Rascheln laut wird, streichen Lüfte über sie hinweg, geschickt geführt durch die

Vorleser in einer Zigarrenfabrik.

in den Giebeln eingelassenen, mit Läden versehenen Fenster. Richtung San Juan trifft man immer häufiger auf »Schneefelder«. Es sind riesige Netze aus Baumwolle, die in 2 m Höhe auf einem Wald aus Pfosten angebracht werden, um die Tabakpflanzen vor Insekten zu schützen, die Sonneneinstrahlung zu mildern und die kostbare Feuchtigkeit zu speichern. Pflanzen von über 1 m Höhe sind mit einem Baumwollfaden an dem schützenden Zeltdach befestigt. So kann der Wind sie nicht niederdrücken, und die Blätter profitieren von den besseren Lichtbedingungen. Die Bauern, die diese roten Böden kultivieren, sind von jeher Herren über den Tabak. Sie verrichten ihre Arbeit mit der Hand; Ochsen ziehen

Gegenüberliegende Seite: Schrank, in dem die Zigarren ausreifen und die überschüssige Feuchtigkeit abgeben, die zu ihrer Fertigung nötig war.

ihre Karren. Die *bohíos*, wie ihre Palmblätter bedeckten Häuser genannt werden, sind etwa 10 m lang und 5 bis 6 m breit. Zitronen-, Orangen-, und Grapefruitbäume spenden Schatten. Abends ruhen sich die Bauern vom Tagwerk aus und genehmigen sich, unter der Veranda in einem Schaukelstuhl sitzend, eine Zigarre. Vergil kommt dem Betrachter in den Sinn: seine Hirtengedichte, sein Lehrgedicht über die italienischen Bauern. Der Anbau des besten Tabaks der Welt und die Fertigung der *puros* erinnern an längst vergangene Zeiten. Dies ist ein Tribut an die zeitgeschichtlichen Umstände. Das Embargo der USA ist die Hauptursache für diesen Anachronismus, der dem Besucher aus den Industrieländern so reizvoll erscheint. Die *vegueros* – wer wollte es ihnen verübeln? – hätten sicherlich gerne Traktoren und Maschinen. Doch würde die *puro* dadurch gewinnen? Eine unbeantwortete Frage, über die sich die Zigarrenliebhaber weniger verbissen streiten würden, wenn sie nicht wüßten oder zumindest flüchtig und voller Erstaunen ahnten, daß sie auf Kuba den letzten Augenblicken eines wunderbaren, sehr ambivalenten Stillstands der Zeit beiwohnen dürfen. So erweist sich die kubanische Revolution in der Welt der Zigarre seit 30 Jahren als Träger einer idealen Kontinuität.

Eine vollendete Packung Lusitanias. Diese in der Partagas-Fabrik gefertigte *Double Corona* ist eine der Besten auf dem Markt.

Gegenüberliegende Seite: Ein Zigarrenkoster, spanisch *catador*, bei der Arbeit. Sein Urteil ist unentbehrlich und garantiert langfristige Qualität.

Tabakanbaugebiete

Jede Zigarre enthält mehrere Tabaksorten. Die großen Zigarren – ob aus Brasilien, Honduras oder anderen Ländern – sind daher aus Tabaken verschiedener Herkunft gefertigt. Eine Ausnahme bilden nur die berühmten Havannas der westkubanischen Provinz Pinar del Río, die Produkte einer ganz bestimmten Region sind. Eine Karte der Anbaugebiete erfaßt Tabakfamilien und keine Zigarrenmarken.

Die drei wichtigsten Tabakproduzenten für Zigarren sind die Dominikanische Republik, Kuba und Indonesien. Sie sind auf Einzelkarten dargestellt. Daneben wird Tabak auch in Brasilien, Ecuador, Honduras und Mexiko angebaut. Diese Gebiete sind gemeinsam abgebildet.

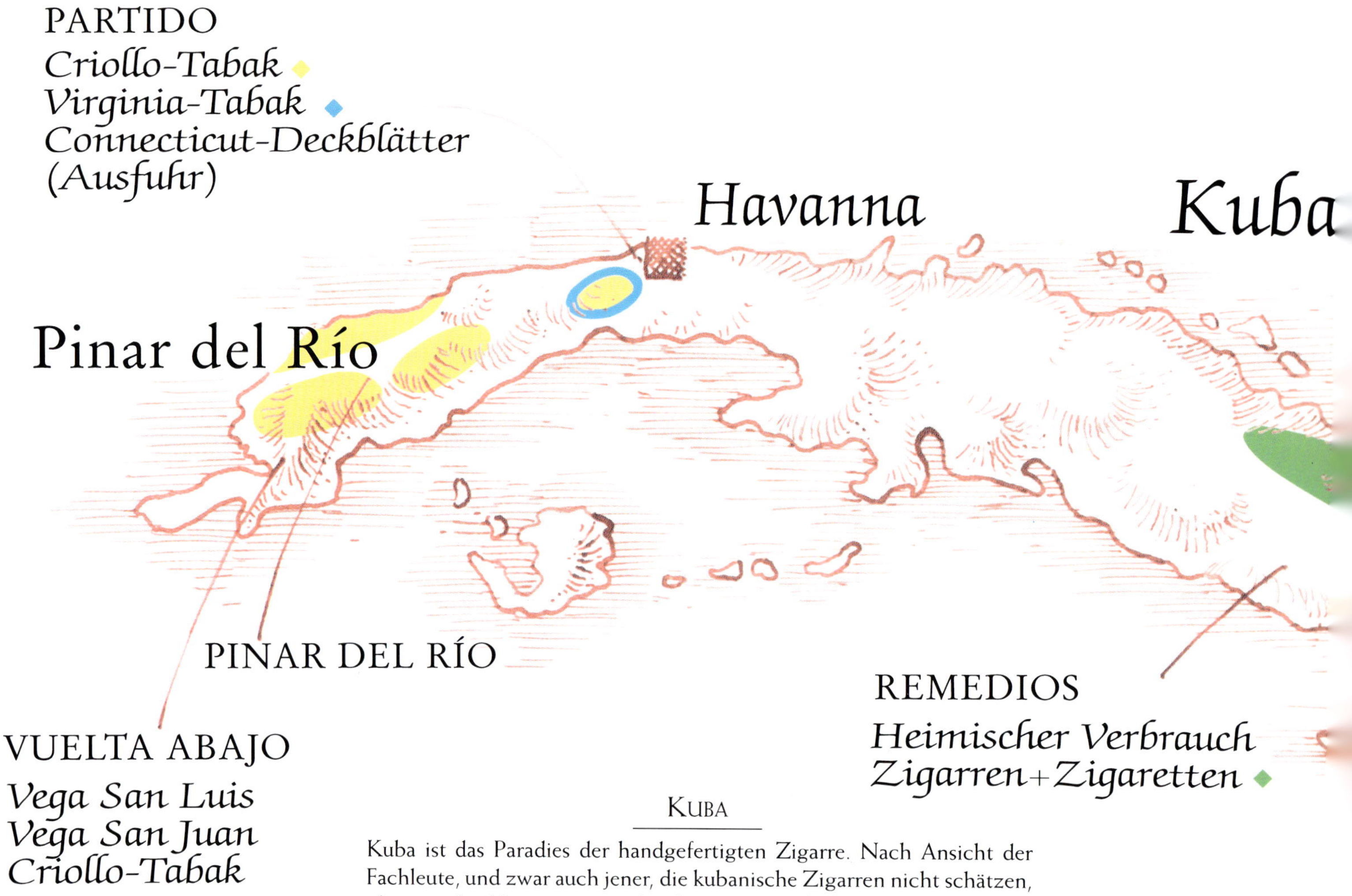

Kuba

Kuba ist das Paradies der handgefertigten Zigarre. Nach Ansicht der Fachleute, und zwar auch jener, die kubanische Zigarren nicht schätzen, »besitzt die Havanna typische Aromaeigenschaften, die nicht nachahmbar sind«, mit anderen Worten: sie ist einzigartig.

Im Westen der Insel wachsen auf den berühmten *vegas* der Vuelta Abajo die besten Tabaksorten der Welt heran. Die wertvollsten Blätter werden auf den Feldern um San Luis und San Juan geerntet – von hier stammen alle großen kubanischen Zigarren. Angebaut werden in dieser Region rings um die Stadt Pinar del Río Deck-, Um- und Einlageblätter, selbstverständlich auch der kräftige *criollo*, der kreolische Tabak.

Südlich von Havanna liegt Partido. Dort erntet man Kreoltabak, Virginia-Tabak und Connecticut-Deckblätter (Saatgut aus Connecticut), die zur Weiterverarbeitung vor allem nach Europa verschickt werden.

In den östlichen und mittleren Regionen Oriente und Remedios wird Tabak für den heimischen Markt angebaut.

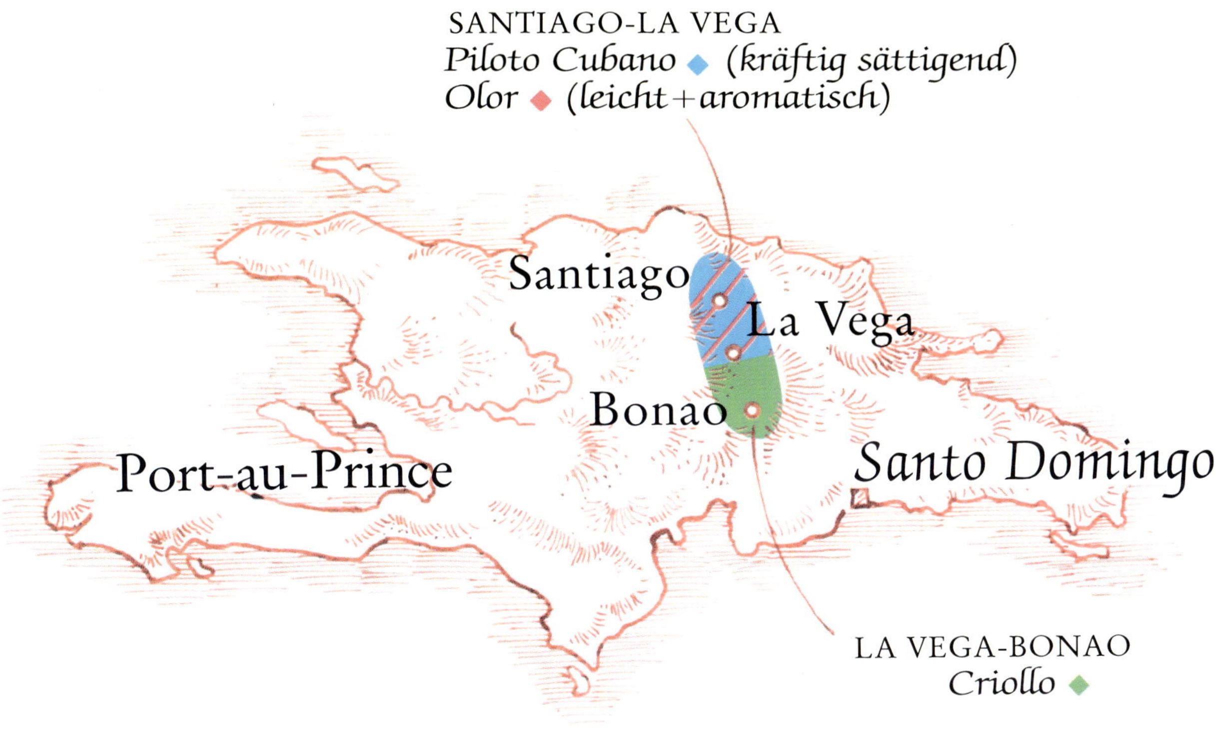

Dominikanische Republik

Das Zentrum der Tabakproduktion liegt im Tal von Cibao, in dem mehrere Arten angebaut werden.

Im Nordosten des Landes, zwischen Santiago und La Vega, pflanzt man zwei Tabaksorten. Den kräftigen, sättigenden *Piloto cubano*, eine hier angesiedelte, aus der Vuelta Abajo stammende kubanische Art, sowie den weniger sättigenden, milderen und aromatischeren *Olor*. Beide Sorten liefern Einlage- und Umblätter. Der *Olor* findet Verwendung bei bestimmten Pléiades-Mischungen.

Im Südosten, zwischen La Vega und Bonao, beherrscht der *criollo* das Bild. Er ist für den heimischen Markt und für Zigaretten bestimmt.

Indonesien

Früher wurde in Südostasien Tabak vorwiegend auf den Philippinen im Gebiet um Manila und im Tal von Cagayan angebaut. Heute hat sich die Produktion nach Sumatra und Java verlagert.

Sumatra

Im Norden der Insel um Medan werden einige Sorten angebaut, die in Europa für maschinengefertigte Zigarren verwendet werden.

Java

Im Osten, in der Provinz Bekasi (Jember), baut man unter freiem Himmel Bekasi-Deckblätter und unter Tüllschleiern TBN-Deckblätter an. Sie werden an Zigarrenfabriken in der Karibik verschickt und ergänzen dort die Tabaklieferungen aus Zentralafrika und Connecticut.

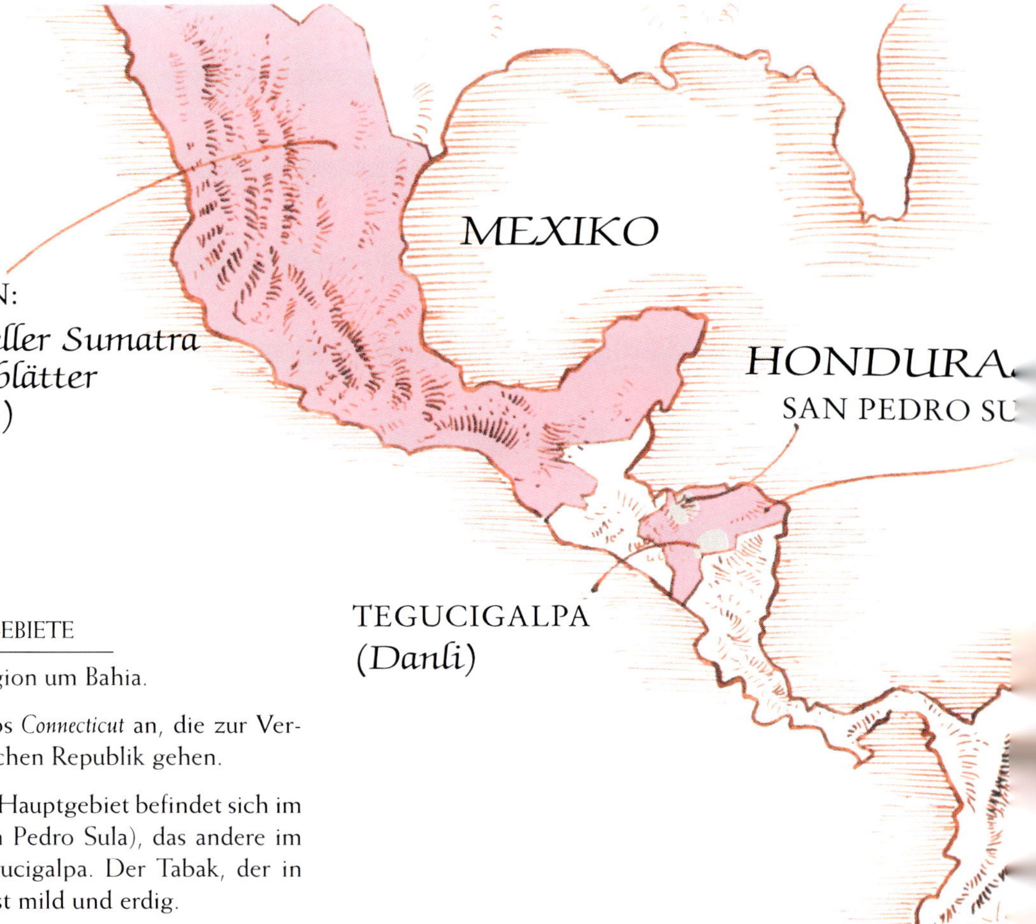

Weitere Anbaugebiete

Brasilien gewinnt Einlageblätter in der Region um Bahia.

In Ecuador baut man Deckblätter des Typs *Connecticut* an, die zur Verarbeitung an Fabriken in der Dominikanischen Republik gehen.

Honduras besitzt zwei Anbaugebiete. Das Hauptgebiet befindet sich im Norden des Landes, im Tal von Sula (San Pedro Sula), das andere im Süden, in der Region um Danlí und Tegucigalpa. Der Tabak, der in Zukunft auch in Europa vertrieben wird, ist mild und erdig.

In Mexiko werden zwei interessante Tabaksorten angebaut. Aus dem *Mexican Sumatra* gewinnt man Deck- und Umblätter (helle Farbe), die nach Santo Domingo exportiert werden. Die andere Sorte, der *Mexico*, ist ein dunkler Tabak, den man bei amerikanischen Zigarren als Deckblatt und Einlage verwendet.

ANBAUGEBIET
MEDAN
Tabak zur maschinellen
Zigarrenfertigung in
Europa
Medan
Sumatra
BORNEO FLOWERS
ANBAUGEBIET BEKASI (JEMBER)
TBN-Deckblätter (unter Tüllschleiern)
Bekasi-Deckblätter (Freiluft)
Java
Jakarta
Bekasi
Bandung
WEI REGIONEN:
an Pedro Sula.
'egucigalpa.
:ubanische Saat für
romatischen Tabak

ANBAUGEBIETE
UM BAHIA
Einlageblätter
BRASILIEN
Feira
de Santana
Salvador

Die Farben des Deckblattes

Früher galt bei der Entscheidung für eine bestimmte Zigarre die Farbe als das wesentliche Auswahlkriterium. Mancher *Colorado*-Raucher hätte nie zu einer *Maduro* gegriffen und umgekehrt. Die Marke rangierte bei der Auswahl erst an zweiter Stelle. Inzwischen hat sich dieser Mythos etwas überlebt. Das Deckblatt, um dessen Farbe es sich handelt, macht zwar nur 3 bis 4 % des Produkts aus, hat jedoch erheblichen Einfluß auf das Aroma. Die Farbe ist also weiterhin eine Möglichkeit, Zigarrenfamilien voneinander zu unterscheiden.

Clarissimo: Im Spanischen auch *Candela*. Es handelt sich um ein Deckblatt von grüner Farbe. Die Farbgebung wird erzielt, indem der Tabak, bevor er reif ist, einem schnellen Trocknungsprozeß unterzogen wird. Deckblätter dieser Art werden im allgemeinen für Zigarren des amerikanischen Marktes benutzt. Das Aroma ist mild und variiert im Geschmack. Besonders in diesem Fall beeinflußt das Deckblatt den Gesamtcharakter der Zigarre.

Claro Claro: Sehr helles Gold mit Tendenz zu mattem Gelb. Dieser Braunton entsteht, wenn die Blätter vor Ende der Reifung gepflückt und einem beschleunigten Trocknungsprozeß unterworfen werden.

Claro: Hellbraun. Der Tabak wird vor den *Maduro*-Deckblättern gepflückt. Dieser Farbton kleidet Zigarren, die als eher mild eingestuft werden.

Colorado Claro: Feinbraun. Die spätere Ernte und der weiter fortgeschrittene Fermentierungsprozeß bewirken diese Farbe. Mit ihr beginnt die Klasse der braunen Tabake. Sie ist charakteristisch für Zigarren, die etwas mehr Körper haben.

Colorado: Mittelbraun. Eine noch fortgeschrittenere Reife und ein noch längerer Fermentierungsprozeß liefert Deckblätter für Zigarren, die bereits ein gehaltvolleres Aroma besitzen.

Colorado Maduro: Mittleres Dunkelbraun. Dieser Farbton eröffnet die Klasse der dunklen Zigarren. Die Blätter reifen länger und stammen vom oberen Teil der Pflanze, wo sie einer stärkeren Sonneneinstrahlung ausgesetzt sind. Deckblätter dieser Farbe werden oftmals für sehr duftige Zigarren wie die Montecristo N° 3 verwandt.

Maduro: Sehr dunkles Braun. Noch mehr Sonne und ein noch längerer Reifeprozeß führen zu diesem Farbton, der auch bei Tabaken spezifischer Herkunft des Typs *Connecticut* anzutreffen ist. *Maduro*-Zigarren sollten eigentlich sehr viel Körper haben und in der Theorie den erfahrenen Rauchern vorbehalten sein. In der Praxis haben manche Maduros aus Honduras und der Dominikanischen Republik allerdings eine annehmbare Stärke.

Oscuro: Schwarzbraun. Dieser Farbton, der letzte in der Palette, war im 19. Jahrhundert sehr verbreitet und ist heute nur noch selten zu sehen. In den Vereinigten Staaten hat die Marke Onyx mehrere Zigarren dieses Typs in ihrem Angebot.

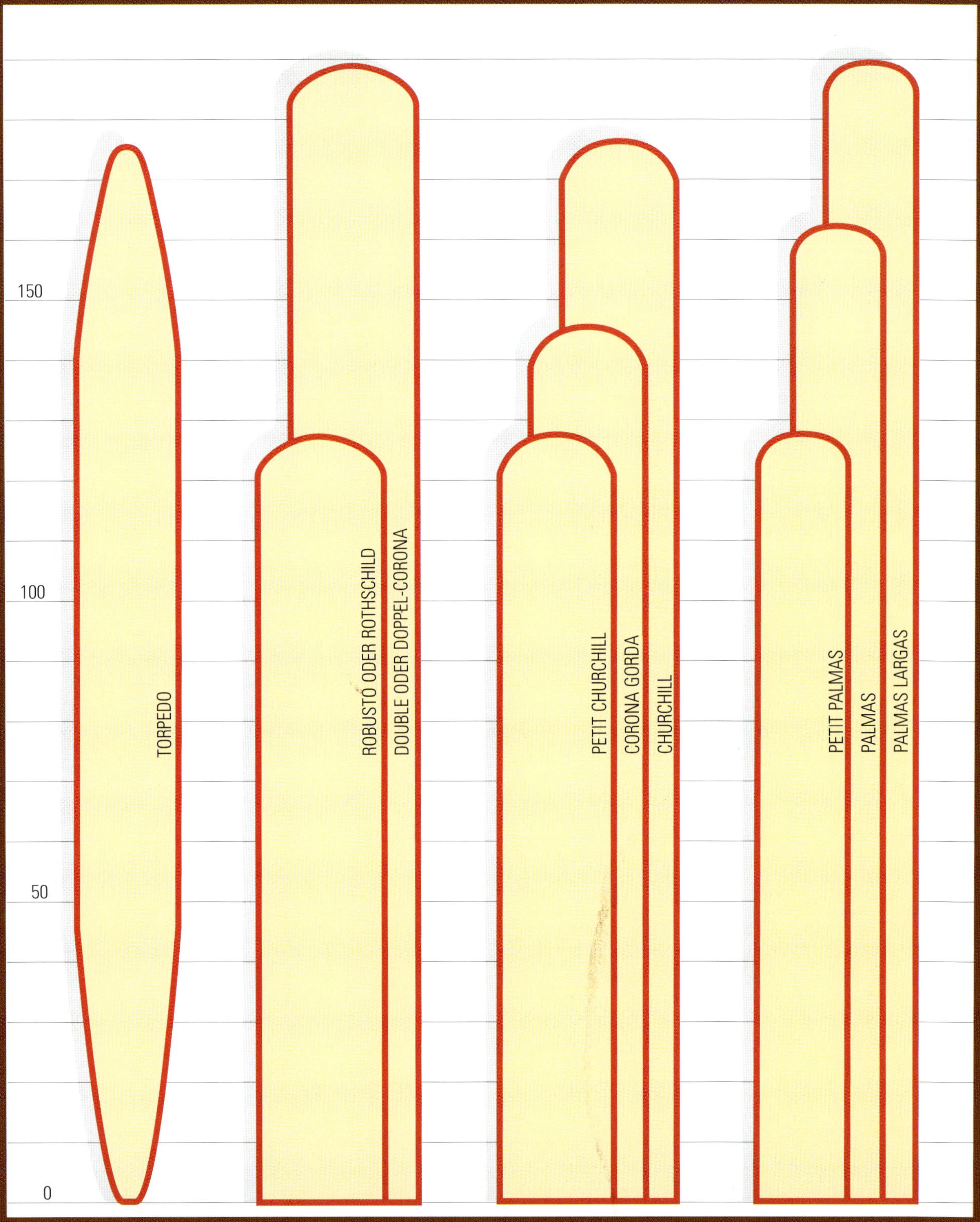
150
100
50
0
TORPEDO
ROBUSTO ODER ROTHSCHILD
DOUBLE ODER DOPPEL-CORONA
PETIT CHURCHILL
CORONA GORDA
CHURCHILL
PETIT PALMAS
PALMAS
PALMAS LARGAS

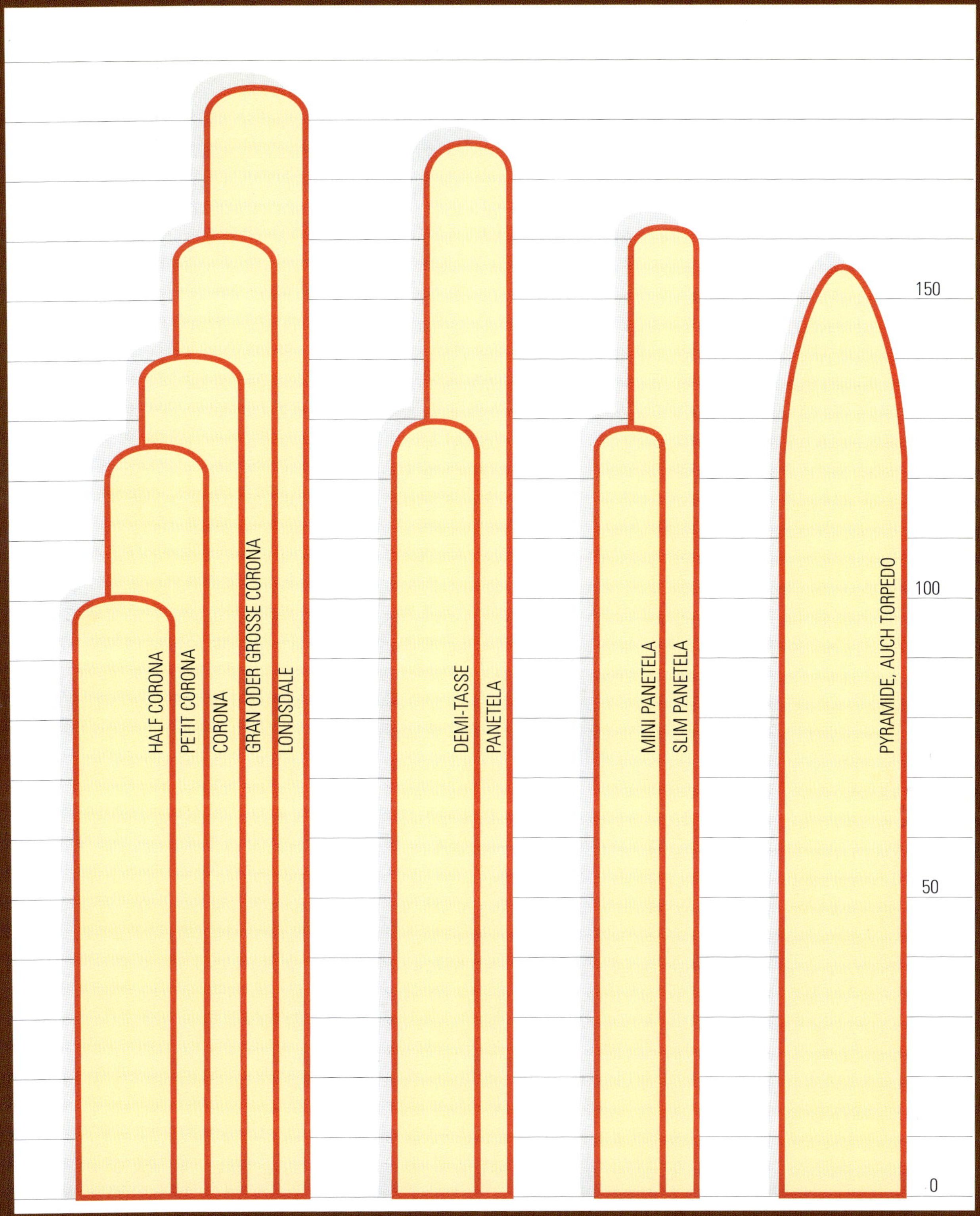
HALF CORONA
PETIT CORONA
CORONA
GRAN ODER GROSSE CORONA
LONSDALE
DEMI-TASSE
PANETELA
MINI PANETELA
SLIM PANETELA
PYRAMIDE, AUCH TORPEDO
150
100
50
0

MARKE	FORMAT	GRÖSSE
BELINDA *Kuba*		
Belvederes	Petit Palma	125/15,5
Coronas	Corona	140 /15,9
Demi-Tasse	Demi-Tasse	100 /12,7
Panetelas	Demi-Tasse	117 /13,9
Petit	Mini Panetela	108 /12,3
Petit Coronas	Petit Corona	129 /16,7
Petit Princess	Demi-Tasse	110 /13,9
Princess	Mini Panetela	110/13,9
Preciosias	Demi-Tasse	100/12,7
Superfinos	Petit Palma	125/15,5
BOLIVAR *Kuba*		
Amado Selección	Corona	143 /17,4
Amado Selección	Robusto	124 /19,8
Amado Selección	Demi-Corona	110 /16,7
Belicosos Finos	Torpedo	140/20,6
Belvederes	Petit Palma	125 /15,5
Bolivar Tubos N°l	Corona	142 /16,7
Bolivar Tubos N°2	Petit Corona	129 /16,7
Bolivar Tubos N°3	Demi-Tasse	125 /13,5
Bonitas	Petit Corona	126 /15,9
Champions	Corona	140 /15,9
Chicos	Mini Panetela	106 /11,5
Churchills (Hülse)	Churchill	178 /18,6
Coronas	Corona	142 /16,7
Coronas Extra	Gran Corona	143/17,5
Coronas Gigantes	Churchill	178/18,7
Coronas Junior	Demi-Corona	110 /16,7
Demi-Tasse	Mini Panetela	100 /11,9
Especiales	Palma Larga	192 /15,1
Gold Medal	Lonsdale	165/16,7
Inmensas	Lonsdale	170/15
Lonsdales	Lonsdale	165/16,6
Palmas	Panetela	178 /13,1
Panetelas	Demi-Tasse	127 /13,9
Petit Coronas	Petit Corona	129/16,7
Petit Coronas Especiales	Petit Corona	132 /17,5
Regentes	Demi-Tasse	125 /13,5
Royal Corona	Robusto	124/19,8
Supremas Churchills	Churchill	178 /18,6
CABANAS *Kuba*		
Belvederes	Petit Palma	125 /15,5
Chiquitos	Petit Palma	98 /14,7
Coronitas	Mini Panetela	106 /11,5
Perfectos	Figurado	127 /17,4
Suaves	Demi-Tasse	117 /13,9
Superfinos	Petit Corona	117 /15,9
CANEY *Kuba*		
Bouquets Finos	Petit Palma	127 /14,3
Canape	Mini Panetela	106 /11,5
Delgado	Petit Palma	127 /14,3
Especiales	Palma	146 /15,5
Predilectos	Petit Corona	123 /15,9
Selectos	Corona	140 /15,9
Vegueros	Petit Palma	127 /15,1

MARKE	FORMAT	GRÖSSE
CIFUENTES *Kuba*		
Cristal (Hülse)	Gran Corona	145 /17,5
Cubanitos	Mini Panetela	106 /11,5
Emboquillados N°5	Mini Panetela	126 /11,5
Habanitos	Mini Panetela	106 /11,5
Petit Bouquet	Petit Palma	98 /14,7
Super Estupendos	Churchill	235 /18,6
Vegueritos	Petit Palma	127 /14,3
COHIBA *Kuba*		
Coronas Especiales	Corona	152/15,1
Esplendidos	Churchill	178/18,6
Exquisitos	Petit Corona	125/14,3
Lanceros	Gran Panetela	192/15,1
Panetelas	Mini Panetela	115 /10,3
Robustos	Robusto	124/19,9
Siglo I	Très Petit Corona	102/15,9
Siglo II	Petit Corona	129/16,6
Siglo III	Gran Corona	155/16,6
Siglo IV	Corona Gorda	143/18,3
Siglo V	Lonsdale	170/17,1
CUABA *Kuba*		
Divinos	Figurado	101 /16,7
Exclusivos	Figurado	145 /18,3
Generosos	Figurado	132 /16,3
Tradicionales	Figurado	120 /16,3
DIPLOMATICOS *Kuba*		
Diplomaticos N°1	Lonsdale	165/16,7
Diplomaticos N°2	Obus	156/20,6
Diplomaticos N°3	Corona	142/16,7
Diplomaticos N°4	Petit Corona	129/16,7
Diplomaticos N°5	Demi-Corona	102/15,9
Diplomaticos N°6	Palma Larga	192/15,1
Diplomaticos N°7	Palma	152/15,1
EL REY DEL MUNDO *Kuba*		
Choix Suprême	Robusto	127/19
Coronas de Luxe	Corona	142/17
Demi-Tasse	Mini Panetela	100 /11,9
Elegantes	Slim Panetela	175 /11,1
Fox Selection N°47	Robusto	127 /19
Gran Coronas	Gran Corona	143/18,3
Grandes de España	Gran Panetela	192/15,1
Isabel	Panetela	143/13,9
Lonsdales	Lonsdale	165/16,7
Lunch Club	Demi-Corona	116 /15,9
Panetelas Largas	Slim Panetela	175 /11,1
Petit Coronas	Petit Corona	129 /16,7
Petit Lonsdales	Petit Corona	129 /16,7
Senoritas	Mini Panetela	115 /10,3
Tainos	Churchill	178/18,6
Très Petit Coronas	Demi-Corona	116/15,9
Tubo N°l	Corona	142/16,7
Tubo N°2	Petit Corona	129/16,7

MARKE	FORMAT	GRÖSSE
Tubo N°3	Demi-Corona	116/15,9
Variedades	Mini Panetela	106/11,5
FONSECA *Kuba*		
Cosacos	Corona	135/16,7
Delicias	Petit Corona	123/15,9
Fonseca N°1	Lonsdale	162/17,5
Invictos	Figurado	134/17,9
KDT Cadetes	Petit Palma	115/14,3
GISPERT *Kuba*		
Coronas	Corona	142/16,7
Habaneras N°2	Petit Corona	123/15,9
Petit Coronas de Luxe	Petit Corona	129/16,7
H.UPMANN *Kuba*		
Amatistas	Gran Corona	146/15,9
Aromaticos	Petit Corona	117/15,9
Aromaticos	Petit Corona	129/16,7
Belvederes	Petit Corona	125/15,5
Cinco Bocas	Lonsdale	165/16,7
Connoisseur N°l	Robusto	127/19
Coronas	Corona	142/16,7
Coronas Junior	Petit Palma	115/14,3
Coronas Major	Petit Corona	129/16,7
Coronas Minor	Petit Corona	117/15,9
Cristales	Corona	135/16,7
Culebras	Culebra	146/15,5
El Prado	Panetela	159/13,9
Épicures	Demi-Tasse	110/13,9
Especiales	Corona	140/15,9
Exepcionales	Petit Corona	127/17,5
Exquisitos	Petit Corona	129/16,7
Glorias	Demi-Tasse	110/13,9
Gran Coronas	Gran Corona	146/15,9
Kings	Petit Corona	129/16,7
Lonsdales	Lonsdale	165/16,7
Magnum 46	Corona Gorda	143/18,3
Majestics	Corona	140/15,9
Medias Coronas	Petit Corona	129/16,7
Medias Coronas	Eminentes	132/17,5
Monarcas	Churchill	178/18,6
Monarchs	Churchill	178/18,6
Naturals	Palma	155/14,7
Naturals (Hülse)	Palma	155/14,7
Noellas	Petlt Corona	135/16,7
Petit Coronas	Petit Corona	129/16,7
Petit Palatinos	Petit Palma	115/14,3
Petit Upmann	Petit Palma	115/14,3
Petit Upmanns	Mini Panetela	108/12,3
Preciosas	Mini Panetela	100/12,7
Regalias	Petit Corona	129/16,7
Royal Coronas	Corona	142/16,7
Selección 303	Corona	142/16,7
Selección Suprema 11	Petit Corona	129/16,7
Selección Suprema 13	Corona	140/15,9
Selección Suprema 23	Panetela	178/13,1
Selección Suprema 25	Petit Corona	129/16,7
Selección Suprema 30	Lonsdale	165/16,7
Short Coronas	Corona	135/16,7
Singulares	Petit Corona	117/15,9

Vorhergehende Seiten: Die verbreitetsten Formate mit Bezeichnungen, abgebildet in Orginalgröße.

Marke	Format	Grösse
Sir Winston	Churchill	178/18,6
Super Coronas	Corona Gorda	143/18,3
Upmann N°1	Lonsdale	165/16,7
Upmann N°2	Obus	156/20,6
Upmann N°3	Corona	142/16,7
Upmann N°4	Petit Corona	129/16,7
Upmann N°5	Demi-Corona	102/15,9
Hoyo de Monterrey *Kuba*		
Churchills	Churchill	178/18,6
Concorde	Churchill	178/18,6
Coronation (Hülse)	Petit Corona	129/16,7
Double Coronas	Double Corona	194/19,4
Épicure N°1	Corona Gorda	143/18,3
Épicure N°2	Robusto	124/19,8
Exquisitos	Petit Corona	129/15,9
Hoyo Coronas	Corona	142/16,7
Humidor N°1	Gran Corona	145/17,5
Jeanne d'Arc	Panetela	143/13,9
Le Hoyo des Dieux	Gran Corona	155/16,7
Le Hoyo du Dauphin	Palma	152/15,1
Le Hoyo du Député	Petit Palma	110/15,1
Le Hoyo du Gourmet	Panetela	170/13,1
Le Hoyo du Maire	Mini Panetela	100/11,9
Le Hoyo du Prince	Petit Corona	130/15,9
Le Hoyo du Roi	Gran Corona	142/16,7
Longos	Panetela	178/13,1
Margaritas	Mini Panetela	121/10,3
Odeon	Palma	152/15,1
Opera	Corona	142/16,7
Palmas Extra	Corona	140/15,9
Particulares	Especial	235/18,6
Petit Coronas	Petit Corona	117/15,9
R. Coronation Coronas	Corona	145/17,5
Royal Coronation	Gran Corona	142/16,7
Short Hoyo Coronas	Petit Corona	129/16,7
Souvenir de Luxe	Petit Corona	129/16,7
Super Sélection N°1	Gran Corona	155/16,7
Versailles	Panetela	170/13,1
José L. Piedra *Kuba*		
Brevas	Corona	133/16,7
Cazadores	Gran Corona	153/17,1
Cremas	Petit Palma	134/15,6
Nacionales	Corona	134/16,7
Petit Cetros	Petit Palma	127/15,1
Superiores	Gran Corona	146/15,9
Juan Lopez *Kuba*		
Coronas	Corona	142/16,7
Panetelas Superba	Demi-Tasse	125/13,5
Patricias	Petit Corona	116/15,9
Petit Coronas	Petit Corona	129/16,7
Selección N°1	Corona Gorda	143/18,3
Selección N°2	Robusto	124/19,8
La Corona *Kuba*		
Belvederes	Petit Palma	125/15,5

Marke	Format	Grösse
Coronas	Corona	140/15,9
Coronitas	Mini Panetela	106/11,5
Demi-Tasse	Demi-Tasse	100/12,7
Panetelas	Demi-Tasse	127/13,9
Perfectos	Figurado	127/17,5
Petit	Mini Panetela	108/12,3
Petit Cetros	Corona	129/15,9
Petit Coronas	Corona	129/16,7
La Escepcion *Kuba*		
Belvederes	Corona	125/15,5
Cazadores Miramar	Lonsdale	162/17,5
Excepcionales	Petit Corona	123/15,9
Longos	Panetela	178/13,1
Perfectos	Figurado	127/17,5
Superfinos	Petit Corona	117/15,9
La Flor de Cano *Kuba*		
Coronas	Corona	129/16,7
Diademas	Churchill	178/18,6
Gran Corona	Corona Gorda	143/18,3
Petit Coronas	Petit Corona	123/15,9
Predilectos (Hülse)	Petit Corona	123/15,9
Preferidos Vegueritos	Petit Palma	127/14,3
Selectos	Gran Corona	150/16,3
Short Churchill	Robusto	124/19,9
La Gloria Cubana *Kuba*		
Cetros	Lonsdale	165/16,7
Grandes de España	Palma Larga	192/15,1
Médaille d'Or N°1	Palma Larga	186/14,3
Médaille d'Or N°2	Lonsdale	170/17,1
Médaille d'Or N°3	Slim Panetela	175/11,1
Médaille d'Or N°4	Panetela	152/12,7
Minutos	Petit Corona	116/15,9
Sabrosos	Gran Corona	155/16,7
Tainos	Churchill	178/18,6
Tapados	Corona	135/16,7
Los Statos de Luxe *Kuba*		
Brevas 1 Mazo	Corona	140/15,9
Cremas Nacionales	Corona	140/15,9
Delirios	Petit Corona	123/15,9
Dobles	Petit Corona	123/15,9
Selectos	Corona	140/15,9
Montecristo *Kuba*		
Joyitas	Mini Panetela	115/10,3
Montecristo A	Especial	235/18,6
Montecristo B	Corona	135/16,7
Montecristo Especial N°1	Palma Larga	192/15,1
Montecristo Especial N°2	Palma	152/15,1
Montecristo N°1	Lonsdale	165/16,7
Montecristo N°2	Obus	156/20,6
Montecristo N°3	Corona	142/16,7

Marke	Format	Grösse
Montecristo N°4	Petit Corona	129/16,7
Montecristo N°5	Petit Corona	102/15,9
Montecristo N°6	Corona	142/16,7
Montecristo N°7	Slim Panetela	175/11,1
Montecristo (Hülse)	Gran Corona	155/16,7
Petit Tubos	Petit Corona	129/16,7
Partagas *Kuba*		
8-9-8 Cabinet Sélection	Gran Corona	155/16,7
8-9-8 Cabinet Varnish	Lonsdale	170/17,1
Aristocrats	Petit Corona	129/15,9
Astorias	Corona	135/16,7
Belvederes	Petit Palma	125/15,5
Bonitos Extra Mild	Mini Panetela	106/11,5
Capitols	Corona	129/15,9
Charlottes	Panetela	143/13,9
Chicos	Mini Panetela	106/11,5
Coronas	Corona	142/16,7
Coronas (Hülse)	Corona	132/17,5
Coronas »A« Mejorado	Corona	142/16,7
Coronas Grandes	Gran Corona	155/16,7
Coronas Junior	Demi-Corona	117/15,9
Coronas Senior (Hülse)	Corona	132/17,5
Cubanos	Demi-Tasse	125/13,5
Culebras Staniol	Culebra	146/15,5
De Luxe	Churchill	178/18,6
Demi-Tip	Mini Panetela	126/11,5
Eminentes	Corona	132/17,5
Filipos	Demi-Tasse	125/13,5
Habaneros	Petit Palma	125/15,5
Half Coronas	Demi-Corona	110/16,7
Londres Extra	Petit Corona	129/15,9
Londres Finos	Petit Corona	129/15,9
Lonsdales	Lonsdale	165/16,7
Lusitanias	Double Corona	194/19,4
Mille Fleurs	Petit Corona	129/16,7
Palmas Grandes	Panetela	178/13,1
Panetelas	Demi-Tasse	127/13,9
Parisianos	Corona	129/15,9
Partagas de Luxe	Corona	140/15,9
Partagas de Partagas N°1	Lonsdale	170/17,1
Partagas Pride	Demi-Corona	110/16,7
Perfectos	Figurado	127/17,5
Personales	Corona	129/15,9
Petit Bouquets	Petit Palma	98/14,7
Petit Coronas Especiales	Corona	132/17,5
Petit Partagas	Petit Corona	129/15,9
Petit Privados	Petit Corona	129/16,7
Presidentes	Figurado	158/18,6
Princess	Demi-Tasse	127/13,9
Privados	Gran Corona	142/16,7
Ramonitas	Mini Panetela	121/10,3
Regalias de la Reina Bueno	Petit Corona	117/15,9
Royales	Petit Corona	126/15,9
Selección Fox N°7	Demi-Corona	110/16,7
Selección Fox N°11	Demi-Tasse	125/13,5
Selección Privada N°1	Lonsdale	170/17,1
Série D N°4	Robusto	124/19,8
Série du Connaisseur N°1	Palma Larga	192/15,1
Série du Connaisseur N°2	Palma Larga	166/15,1
Série du Connaisseur N°3	Palma	143/13,9
Shorts	Petit Corona	110/16,7
Super Partagas	Gran Corona	140/15,9

Marke	Format	Grösse
Toppers	Lonsdale	160/15,5
Très Petit Corona	Demi-Corona	116/15,9
Por Larrañaga *Kuba*		
Belvederes	Petit Palma	125/15,5
Coronas	Corona	142/16,7
Coronitas	Demi-Tasse	117/13,5
Curritos	Mini Panetela	106/11,5
Eduardos	Mini Panetela	115/10,3
Juanitos	Mini Panetela	106/11,5
Lanceros	Corona	142/16,7
Largos Por Larrañaga	Panetela	159/13,9
Lolas en cedro	Petit Corona	129/16,7
Lonsdales	Lonsdale	165/16,7
Monte-Carlo	Panetela	159/13,9
Panetelas	Petit Palma	127/14,3
Petit Coronas	Petit Corona	129/16,7
Petit Lanceros	Petit Corona	129/16,7
Small Coronas	Demi-Corona	116/15,9
Super Cedros	Petit Corona	123/15,9
Punch *Kuba*		
Belvederes	Petit Palma	125/15,5
Black Prince	Corona Gorda	143/18,3
Churchills (Hülse)	Churchill	178/18,6
Cigarillos	Mini Panetela	106/11,5
Coronas	Corona	142/16,7
Coronations (Hülse)	Petit Corona	129/16,7
Coronets (Hülse)	Demi-Tasse	117/13,5
Diademas Extra	Especial	235/18,6
Double Coronas	Double Corona	194/19,4
Exquisitos	Petit Corona	129/15,9
Gran Coronas	Gran Corona	146/15,9
Margaritas	Mini Panetela	121/10,3
Monarcas	Churchill	178/18,6
Nacionales	Corona	135/16,7
Nectares N°2	Corona Gorda	143/18,3
Nectares N°4	Demi-Corona	116/15,9
Nectares N°5	Panetela	178/13,1
Ninfas	Panetela	178/13,1
Palmas Reales	Corona	140/15,9
Panetelas	Demi-Tasse	117/13,5
Panetelas Grandes	Panetela	178/13,1
Petit Coronas	Petit Corona	129/16,7
Petit Coronations	Petit Corona	117/15,9
Petit Punch	Demi-Corona	102/15,9
Presidentes	Petit Corona	129/16,7
Punch Punch	Corona Gorda	143/18,3
Punchinellos	Demi-Tasse	117/13,5
Royal Coronations (Hülse)	Corona	142/16,7
Royal Coronations-Conservas	Gran Corona	145/17,5
Royal Selección N°11	Corona Gorda	143/18,3
Royal Selección N°12	Petit Corona	129/16,7
San Rayados - Londres	Petit Corona	126/15,9
Selección de Luxe N°1	Corona Gorda	143/18,3
Selección de Luxe N°2	Petit Corona	129/16,7
Souvenir de Luxe	Petit Corona	129/16,7
Souvenir de Luxe-Londres	Petit Corona	126/15,9
Super Selección N°1	Gran Corona	155/16,7
Super Selección N°2	Corana Gorda	143/18,3
Très Petit Coronas	Demi-Corona	110/16,7

Marke	Format	Grösse
Quay d'Orsay *Kuba*		
Coronas	Corona	142/16,7
Gran Corona	Gran Corona	155/16,7
Imperiales	Churchill	178/18,6
Panetelas	Panetela	178/13,1
Quintero *Kuba*		
Brevas	Corona	140/15,9
Churchills	Lonsdale	165/16,7
Coronas	Corona	142/16,7
Coronas Selectas	Corona	142/16,7
Londres	Petit Corona	123/15,9
Londres Extra	Petit Corona	123/15,9
Medias		
Coronas Selectas	Petit Corona	126/15,9
Nacionales	Corona	140/15,9
Panetelas	Petit Palma	127/14,3
Puritos	Mini Panetela	106/11,5
Rafael Gonzalez *Kuba*		
Cigarritos	Mini Panetela	115/10,3
Coronas Extra	Corona Gorda	143/18,3
Demi-Tasse	Demi-Panetela	100/11,9
Lonsdales	Lonsdale	165/16,7
Panetelas	Demi-Tasse	117/13,5
Panetelas Extra	Petit Palma	127/14,3
Petit Coronas	Petit Corona	129/16,7
Petit Lonsdales	Petit Corona	129/16,7
Slenderellas	Slim Panetela	175/11,1
Très Petit Corona	Demi-Corona	116/15,9
Ramon Allones *Kuba*		
8-9-8 Dalias	Lonsdale	170/17,1
8-9-8 Coronas	Corona	142/16,7
Belvederes	Petit Palma	125/15,5
Bits of Havana	Mini Panetela	106/11,5
Coronas	Corona	142/16,7
Delgados	Palma	160/15,5
Gigantes	Double Corona	194/19,4
Mille Fleurs	Petit Corona	129/16,7
Palmitas	Panetela	152/12,7
Panetelas	Demi-Tasse	127/13,9
Petit Coronas	Petit Corona	129/16,7
Ramondos	Corona	140/15,9
Ramonitas	Mini Panetela	121/10,3
Specially Selected	Robusto	124/19,9
Small Club Coronas	Petit Corona	110/16,7
Toppers	Palma	160/15,5
Romeo y Julieta *Kuba*		
Belicosos	Obus	140/20,6
Belvederes	Petit Palma	125/15,5
Cazadores	Lonsdale	162/17,5
Cedros de Luxe N°1	Lonsdale	165/16,7
Cedros de Luxe N°2	Corona	142/16,7
Cedros de Luxe N°3	Petit Corona	129/16,7

Marke	Format	Grösse
Celestiales Finos	Corona Gorda	137/18,3
Chicos	Mini Panetela	106/11,5
Churchills (Hülse)	Churchill	178/18,6
Clarines	Petit Corona	117/15,9
Clemenceaus	Churchill	178/18,6
Club Kings	Petit Corona	129/16,7
Coronas	Corona	142/16,7
Coronas Grandes	Gran Corona	155/16,7
Coronitas	Corona	129/15,9
Culebras	Culebra	146/15,5
Excepcionales	Petit Corona	129/16,7
Exhibition N°3	Corona Gorda	143/18,3
Exhibition N°4	Robusto	127/19
Exquisitos	Petit Corona	129/15,9
Fabulosos	Especial	235/18,6
Favoritas	Petit Palma	125/15,5
Julietas	Petit Corona	116/15,9
Mille Fleurs	Petit Corona	129/16,7
Montagues	Palma Larga	160/15,5
Nacionales	Corona	135/16,7
N°1 (Hülse)	Corona	140/15,9
N°2 (Hülse)	Petit Corona	129/16,7
N°3 (Hülse)	Petit Corona	117/15,9
Palmas Reales	Panetela	178/13,1
Panetelas Sports	Demi-Tasse	117/13,9
Panetelas	Demi-Tasse	117/13,5
Perfectos	Figurado	127/17,5
Petit Coronas	Petit Corona	129/16,7
Petit Julietas	Mini Panetela	100/11,9
Petit Princess	Demi-Corona	102/15,9
Plateados de Romeo	Petit Corona	129/15,9
Plateados de Romeo	Petit Corona	129/16,7
Prince of Wales	Churchill	178/18,6
Regalias de la Habana	Petit Palma	125/15,5
Regalias de Londres	Petit Corona	117/15,9
Romeo N°1 de Luxe	Corona	142/16,7
Romeo N°2 de Luxe	Petit Corona	129/16,7
Romeo N°3 de Luxe	Petit Corona	116/15,9
Shakespeares	Panetelas Largas	175/11,1
Sport Largos	Demi-Tasse	117/13,9
Très Petit Coronas	Demi-Corona	116/15,9
San Luis Rey *Kuba*		
Churchills	Churchill	178/18,6
Coronas	Corona	142/16,7
Lonsdales	Lonsdale	165/16,7
Prominentes	Double Corona	194/19,4
Mini-Habanos-Chicos	Mini Panetela	106/11,5
Petit Coronas	Petit Corona	129/16,7
Regios	Robusto	127/19
Série A	Corona Gorda	143/18,3
Sancho Panza *Kuba*		
Bachilleres	Demi-Corona	116/15,9
Belicosos	Obus	140/20,6
Coronas	Corona	142/16,7
Coronas Gigantes	Churchill	178/18,6
Dorados	Lonsdale	165/16,7
Molinos	Lonsdale	165/16,7
Non Plus	Petit Corona	129/16,7
Sanchos	Especial	235/18,6
Tronquitos	Corona	142/16,7

Marke	Format	Grösse
Siboney *Kuba*		
Especiales N°2	Palma	152/15,1
Troya *Kuba*		
Coronas Club Tubulares	Corona	123/15,9
Universales	Petit Palma	134/15,1
Vegas Robaina *Kuba*		
Clásico	Lonsdale	165/16,7
Don Alejandro	Double Corona	194/19,4
Familiar	Corona	142/16,7
Famosos	Robusto	127/19
Unicos	Obus	156/20,6
La Regenta *Kanarische Inseln*		
Elegantes	Slim Panetela	152/11,5
Emperador	Double Corona	190/20,6
Findos	Palmas	178/14,6
Gran Corona	Churchill	184/18,2
N°1	Lonsdale	165/16,6
N°2	Churchill	165/18,2
N°3	Corona	139/16,6
N°4	Corona	130/16,6
Olimpicas	Palmas	155/14,3
Premier	Lonsdale	178/16,6
Rotschild	Robusto	114/19,8
Flor de Selva *Honduras*		
Churchill	Double Corona	176/19,5
Corona	Corona	140/19
Double Corona	Double Corona	190/20,5
Fino	Gran Corona	153/17,4
Panetella	Mini Panetela	114/11,9
Robusto	Robusto	121/19,8
Zino *Honduras*		
Diamonds	Palma	143/15
Élegance	Palma Larga	169/14
Princesse	Mini Panetela	103/9
Tradition	Lonsdale	158/17
Veritas	Double Corona	175/20
Zino Mouton Cadet N°1	Gran Corona	158/17
Zino Mouton Cadet N°2	Palma	152/13
Zino Mouton Cadet N°3	Corona	146/15
Zino Mouton Cadet N°4	Mini Panetela	130/12
Zino Mouton Cadet N°5	Petit Corona	127/17
Zino Mouton Cadet N°6	Robusto	127/20
Santa Clara *Mexiko*		
N°1	Double Corona	178/20,2

Marke	Format	Grösse
N°2	Double Corona	165/19,1
N°3	Lonsdale	165/17,1
N°4	Corona	127/17,5
N°7	Slim Panetela	140/9,9
Quino	Mini Panetela	103/11,9
Te Amo *Mexiko*		
Cetro	Lonsdale	178/15,9
Epicure	Mini Panetela	127/11,9
Meditation	Gran Corona	152/16,7
N°4	Petit Corona	127/16,7
Relaxation	Lonsdale	168/16,7
Super Cetro	Lonsdale	190/15,9
Torero	Palma	167/15,5
Torito	Robusto	121/19,5
La Joya de Nicaragua *Nicaragua*		
Churchill	Double Corona	175/19,5
Consul	Robusto	114/20,6
Emperador	Double Corona	197/19,9
N°1	Lonsdale	168/17,5
N°5	Panetela	175/13,9
N°7	Mini Panetela	178/11,9
N°11	Churchill	190/18,3
Presidente	Double Corona	203/21,4
Viajante	Double Corona	206/20,6
Arturo Fuente *Dominikanische Republik*		
8-5-8	Corona Gorda	150/18
Château Fuente	Double Corona	170/19
Corona Grandes	Gran Corona	155/17
Double Corona	Double Corona	170/19
Especiales	Palmas Largas	175/15
Epicure	Robusto	115/20
N°4	Corona	140/16
Panetela Claro	Panetela	135/13
Petit Corona	Petit Palmas	125/15
Réserve Supérieure N°3	Petit Corona	138/15
Réserve Supérieure N°4	Petit Palmas	125/15
Ashton *Dominikanische Republik*		
8-9-8	Lonsdale	165/17,5
Churchill	Double Corona	190/20,6
Corona	Gran Corona	140/17,5
Panetela	Panetela	152/14,3
Prime Minister	Double Corona	175/19,1
Sovereign	Double Corona	178/21,4
Davidoff *Dominikanische Republik*		
1000	Petit Corona	117/13
2000	Corona	129/17
3000	Panetela	178/13
4000	Lonsdale	155/17
5000	Gran Corona	143/18
Ambassadrice	Petit Panetela	115/10

Marke	Format	Grösse
Aniversario N°1	Double Corona Géant	220/19
Aniversario N°2	Double Corona	178/19
Double R	Double Corona	190/20
Grand Cru N°1	Lonsdale	155/17
Grand Cru N°2	Gran Corona	142/17
Grand Cru N°3	Corona	129/17
Grand Cru N°4	Petit Corona	116/16
Grand Cru N°5	Demi Corona	102/16
N°1	Gran Panetela	192/15
N°2	Corona	152/15
N°3	Petit Panetela	130/12
Spécial R	Robusto	124/20
Spécial T	Torpedo	152/21
Spécial C	Culebras	165/13
Tubos	Corona	152/15
Dunhill *Dominikanische Republik*		
Altamiras	Panetela	152/13,5
Bavaros	Demi-Tasse	112/12
Cabreras	Churchill	170/19
Caletas	Très Petit Corona	100/16
Condados	Corona Extra	152/18,5
Diamantes	Lonsdale	167/17
Fantinos	Panetela	176/11
Peravias	Churchill	175/19
Romanas	Rothschild	113/19
Samanas	Especial	166/16
Tabaras	Corona	142/16,7
Valverdes	Corona	142/16,7
Juan Clemente *Dominikanische Republik*		
530	Mini Panetela	127/11,9
Churchill	Churchill	175/18,3
Corona	Corona	127/16,7
Especial	Palmas Largas	190/15,1
Garagantua	Especial	330/19,9
Gran Corona	Gran Corona	152/16,7
Panetela	Panetela	165/13,5
Rothschild	Double Corona	124/19,9
Pleiades *Dominikanische Republik*		
Aldebaran	Double Corona	216/19,9
Antares	Corona	140/15,9
Centaurus (Candela)	Gran Corona	146/16,7
Mars	Mini Panetela	127/11,1
Neptune	Lonsdale	187/16,7
Orion	Gran Corona	146/16,7
Perséus	Demi-Tasse	127/13,5
Pluton	Robusto	127/19,9
Saturne	Churchill	203/18,3
Sirius	Churchill	175/18,3
Uranus	Panetela	175/13,5
Vénus	Slim Panetela	140/11,1
Flor de la Isabela *Philippinen*		
Coronas Tubos	Corona	140/16,7
Coronas Vegas	Corona	136/16,7

Kapitel
V

Ein unbeschreibliches Vergnügen

POUR LA NOBLESSE

Lobpreisungen der Zigarre würden gesammelt eine riesige Bibliothek füllen. Alle Sprachen der Welt wären darin vertreten. An vorderster Stelle, wie es sich gehört, das Spanische. Im Kastilischen wird der Tabak der Konquistadoren gefeiert, seit man ihn entdeckt hat, ob als Versuchung des Teufels oder Geschenk Gottes. Die Klassiker des Siglo de Oro, Lope de Vega an der Spitze, erzählen oft von Prisen, Pfeifen oder Zigarren und unterscheiden zwischen Schnupf- und »Rauchtabak«. Der eine »reizt zum Niesen«, der andere fördert die Beredsamkeit: »Du atmest den Rauch ein, um etwas zu sagen, dann machst du nur noch Wind«, verkündet Lope de Vega in *Amar, servir y esperar (Lieben, dienen, hoffen)*. Doch sein Urteil ist nicht immer so streng. »Nimm etwas Tabak, und deine Sorgen sind verflogen« rät eine Figur aus Lopes Stück *La mayor desgracia de Carlos V. (Das größte Unglück Karl V.)*. In *La Villana de Vallecas (Das Dorfmädchen aus Vallecas)* von Tirso de Molina spricht nach einer Mahlzeit jemand von einem *tubano de tabaco*, von einer Zigarre. Was will man mit ihr machen? Gott danken, wie es in dieser frommen Zeit beim Verlassen des Mahls üblich war: *Un tubano de tabaco/Para echar la bendición*.

Die Dichter des 16. und 17. Jahrhunderts greifen auf die Mythologie zurück: Der Tabak wird zum Sohn Proserpinas und Bacchus', der Göttin der Unterwelt und des Gottes des Weines. 1589 schreibt der englische Dichter Spenser in *The Fairie Queene* vom »Göttlichen Tabak«. 1598 feiert ihn Ben Johnsons *Every Man in His Humour* als »kostbarstes Samenkorn, das die Erde den Menschen schenkte«. Bei Shakespeare findet der Tabak keine Erwähnung, einer der schwerwiegendsten Vorbehalte, die man gegen sein Werk erheben kann! Anfang des 17. Jahrhunderts verbreitet sich in Dichterkreisen das Gerücht, der große, 200 Jahre zuvor verstorbene Chaucer, Verfasser der *Canterbury Tales*, habe womöglich an den Hängen des Parnaß Tabak gesät. 1625 wird in Leyde der *Hymnus Tabaci* von Raphael Thorius bzw. Torio veröffentlicht, in dem der Dichter keinen Zweifel daran läßt, daß er beim Rauchen »Gott in seinen Kopf aufnehmen könne.« Molière, ein Anhänger klarer Worte, legt Don Juan Sätze in den Mund wie: »Der Tabak ist göttlichen Ursprungs, nichts kommt ihm gleich«, »Der Tabak weckt Gefühle der Ehre und Rechtschaffenheit« oder »Wer ohne Tabak lebt, ist nicht wert, zu leben«. Damit schien zu diesem Thema alles gesagt zu sein. Doch nein! Ein Herr Cohausen beschrieb ihn als »König der Pflanzenwelt, dem die ganze Welt untertan ist«.

Seite 144:
Helmut Newton, *June mit Zigarre*. Photographie. Paris, 1962.

Folgende Seite:
Die gern gerauchte *Churchill* der Marke Romeo y Julieta.

ROMEO Y JU
CHURCH
EO Y JULIET
URCHIL
ROMEO Y JU
CHURCH
OMEO Y JULIET
HURCHIL
O Y JULIETA
RCHILL
ROMEO Y JU
HURC

»Überall«, so fährt er lustigerweise fort, »werden die Nasenlöcher zu seinen Sklaven«. Er ist der Begleiter der Fürsten am Hof und der Bauern auf den Feldern, er zieht mit den Armeen in den Krieg und gesellt sich den Musen der Dichter zu.

Die kubanischen Poeten haben den Tabak immer gefeiert; so Diego Garcia, dem wir folgende Verse verdanken: »Sind meine Gedanken, was geschehen

Modern Times von Charlie Chaplin, 1936.

Vorhergehende Seite: Sir Winston Churchill beim Malen auf Madeira.

Gegenüberliegende Seite: Gary Cooper in *Der Tabakkönig* von Michael Curtiz, 1951.

kann / Manchmal trübe und verworren / Bringt ihnen die Glut einer Zigarre Licht / Und mein Denken setzt seinen Weg fort«. Guillermo Villaronda zögerte nicht, zu behaupten: »Der Zigarrenbaum kreiert Träume / Benvenuto Cellini des Tabakblattes ...« Der kubanische Patriotismus hat sich von jeher auf den Tabak gestützt. Während des Unabhängigkeitskrieges 1895 fand Marcelo Salinas für seine Vaterlandsliebe diese Worte: »Überall, wo blau wie der Himmel / Rauch sich in Spiralen windet / Von Zigarren und Zigarillos, aus kubanischer Erde gerollt / entfaltet sich der Geist unserer Insel / Perle der Antillen.« Villaronda, den wir bereits zitiert haben, schreibt: »Groß und erhaben ist Kuba durch sein wohl-

Ernst Lubitsch 1929. Foto Cecil Beaton, © Sotheby's.
Gegenüberliegende Seite: Rex Harrison und Lili Palmer in *Das Himmelbett* von Irving Reis, 1952.

riechendes Blatt / Jenes Blatt, das sein zweites Banner ist.« All das mag in dichterischer Verklärung geschrieben sein, hat der Tabak doch eine euphorisierende Wirkung. Man könnte die kubanischen Zitate bis ins Unendliche fortsetzen. Am Ende unserer Auslese sollen jedoch vier Worte Che Guevaras stehen. Sie sind von einer ganz modernen, konkreten Nüchternheit: »Der Tabak gehört uns«.

Die Havanna eroberte Europa mit den Romantikern. Man braucht über die Leidenschaft und das Pathos ihrer Liebhaber also nicht verwundert zu sein. In Frankreich waren Auguste Barthélémy und Jules Sandeau Freunde des Zigarrenrauchens. Barthélémy, Satirendichter aus Marseille und mit Méry Begründer der gegen Louis Philippe gerichteten Revue *Némésis*, veröffentliche 1844 seine *Art de fumer (Die Kunst zu rauchen)*:

Vista einer Zigarrenkiste der Sorte White Orchid.

Gegenüberliegende Seite: *F. für Fälschung*, Orson Welles, 1973.

»Es soll Kubas göttliches Narkotikum
Mit blauen Flocken meinen Dichterdivan beladen
Die Zigarre hat oftmals meine Verse gelingen lassen
Auch jetzt wird mich, wie ich hoffe, dieser Gott inspirieren.«

Jules Sandeau war der Liebhaber von George Sand, was in Vergessenheit geraten ist, und veröffentlichte mit ihr *Rose et Blanche (Rosa und Weiß)*. Später verfaßte er den Roman *Mademoiselle de La Seiglière* und in Zusammenarbeit mit Émile Augier das Theaterstück *Le Gendre de M. Poirier (Herrn Poiriers Schwiegersohn)*. Er äußerte sich 1865 so:

»Die Zigarre ist überall. Sie ist die Vervollkommnung jedes müßigen und eleganten Lebens; ein Mensch, der nicht raucht, ist unvollkommen.«

Müßiggang und Eleganz passen nicht zu Armut oder Verschämtheit. Für Sandeau hieß Zigarre immer Havanna. Und obwohl sie überall sein sollte, wurde sie in den Salons der Damen ebenso wenig geduldet wie die Pfeife. Die Frauen verbaten sich die Zigarre, aus einer seltsamen Scheu heraus, oder aus purer Heuchelei. Diejenigen unter ihnen, die am entschiedensten jede Unterdrückung ablehnten, ließen sich nicht beeindrucken. So George Sand, die Sandeau während ihrer kurzen Affäre vielleicht das Zigarrenrauchen beigebracht hat, oder Marie d'Agoult, die alles aufgab, um dem auf Havannas versessenen Liszt zu folgen, oder die Frau des österreichischen Botschafters in Paris, die Fürstin von Metternich; oder auch Rosa Bonheur, eine bekannte lesbische Malerin. All diese Frauen waren für ihre Arbeit, ihre Liebschaften und auch, weil sie Zigarre rauchten, berühmt. Allerdings haben sie nicht viele Nachahmerinnen gefunden. Soll man das begrüßen oder beklagen? Die Frage wird man sich wohl noch lange stellen.

Viel Lob in jener Epoche wurde durch den Spott dieser Zeit zunichte gemacht. Drei Jahre vor Jules Sandeau wagte sich ein Herr Chapus an die Veröffentlichung eines *Manuel de l' homme et de la femme comme il faut (Handbuch über Mann und Frau, wie sie sein sollten)*. Sein Wissen und sein Stil galt jedoch als zweifelhaft.

»Vor ungefähr 30 Jahren, als das Zigarrenrauchen merklich in die Gebräuche der eleganten Lebensart vordrang, empörten sich die Damen zunächst gegen diese Sitte, um sich dann doch zunehmend daran zu gewöhnen. Als sich die Damen der vornehmen Kreise von den neumodischen jungen Männern alleingelassen sahen, die ihren Weihrauch zu den ›falschen Fürstinnen‹ trugen, waren sie bald schon bereit, selbst Zigarren zu versuchen, um die Flüchtlinge wieder um sich zu scharen. Schnell aber bemerkten sie, daß mit diesem Zugeständnis nicht ein Daumen breit des umkämpften Bodens zurückzugewinnen war. Sie ließen also das Rauchen wieder sein und hielten über die Zigarre ein hartes Strafgericht.«

Karikatur von Jean Effel, *Paris flaggt für Churchill*, 1945.

Gegenüberliegende Seite: Foujita in seinem Atelier in der Cité Falguière auf dem Montparnasse, Paris, 1928.

Folgende Seiten: Francois Truffaut interviewt Alfred Hitchcock. Hollywood, 1962.

Dieser Text hat nur ein Verdienst: er dokumentiert, wie sehr das Rauchen von Zigarren in Mode war. Ansonsten macht er alles klein: seinen Verfasser, die Kurtisanen, die Fürstinnen und die Havanna. Hätte Chapus Balzac gelesen, hätte er gewußt, daß sich »wahre Fürstinnen« von den falschen, den Kurtisanen, viel zu weit entfernt fühlten, um etwas von ihnen übernehmen zu wollen. Sie teilten ja bereits das Wesentliche mit ihnen, das Geschlecht, und unterschieden sich von ihnen in etwas Überflüssigem, dem Rang, der es für sie undenkbar machte, mit Kurtisanen in Konkurrenz zu treten, schon gar nicht in Liebesangelegenheiten.

Bei Balzac liest man von Zigarren so häufig wie von Fürstinnen. Unter tausend Variationen über diesen Gegenstand, ragt ein kraftvoller Satz hervor, der zeigt, wie sehr sich das Zigarrenrauchen in den Gebräuchen verankert hatte:

»Verdammt, ich schulde meinem Tabakhändler noch 30 Francs für Zigarren, und wage mich ohne das Geld nicht an seinem verfluchten Laden vorbei.«

Mit wenigen Worten ist alles gesagt. Nichts könnte die Leidenschaft für die Zigarre besser verdeutlichen als diese Schulden – 30 Francs waren um 1830 eine stattliche Summe, vor allem für einen jungen Mann aus der Provinz, der nach Paris gekommen war, um reich zu werden.

Schulden macht man nur für das Absolute, ob es nun kurzlebig oder ewig, trivial oder erhaben ist. Grundstücke, Wohnungen, Autos, Schmuck, Kasinos, Börsentermingeschäfte sind absolute Alltäglichkeiten. Sich für den Rauch von Zigarren zu verschulden ist das Vornehmste, ist das absolut Außergewöhnliche. Doch das Beste, was Balzac über Zigarren schrieb, finden wir in einer anderen Textpassage. Sie handelt von Oberst Chabert, der reinsten der Balzacschen Romanfiguren, dem nur noch die Heldin aus *Lys dans la vallée (Die Lilie im Tal)* gleichkommt. Der Oberst überlebt die Schlacht von Eylau, und kehrt, bereits totgeglaubt, Jahre später aus Deutschland nach Frankreich zurück. Dort muß er feststellen, daß seine Frau wieder geheiratet und sein Vermögen in die neue Ehe eingebracht hat. Obwohl er die Mittel besitzt, beides zurückzugewinnen, entschließt er sich für den Verzicht.

Der für komplexe Gedankengänge berühmte Psychoanalytiker Jacques Lacan rauchte ausschließlich krumme Zigarren, sogenannte *Culebras*.

Unser Text setzt ein, nachdem sich Rechtsanwalt Derville entschieden hat, Chauberts Interessen wahrzunehmen. Er gewährt ihm finanzielle Unterstützung, da Chaubert mittellos ist.

»Als sich der Oberst auf der Straße vor einer Laterne befand, nahm er die zwei 20-Franc-Münzen aus dem Brief, den ihm der Anwalt gegeben hatte, und betrachtete sie im Lichtschein. Zum ersten Mal seit neun Jahren sah er wieder Gold. ›Ich werde mir Zigarren leisten können‹, sagte er zu sich.« Dieser Satz übertrifft alles Lob. Auch für den Kubaner Garcia Nogueras bleibt die Zigarre unerreicht. So behauptet er in *Adele und der Tabak*, das 1867 in Havanna veröffentlicht wurde, daß die Zigarre der Geliebten vorzuziehen sein. Dergleichen äußert auch auch Kipling 1890 in *Fiancé*.

Gegenüberliegende Seite: Zu einem Zopf zusammengeflochtene *Culebras* (Partagas und Romeo y Julieta)

Proust folgt solchen Klischees nicht. So wirft in *Auf der Suche nach der verlorenen Zeit* der Diplomat Baron de Norpois seine eben erst angezündete Havanna in den Sand, um eine ihm bekannte Dame gebührend zu begrüßen.

»Ein echtes, wenn auch dummes Opfer. Eine Frau ist eine solche Verschwendung und irregeleitete Ritterlichkeit nicht wert«, wird mancher denken. Doch Unsinn: allein diese Passage stellt Proust weit über Kipling und Nogueras.

Zum Abschluß sei noch der Standpunkt des englischen Humoristen Jerome Klapka Jerome aufgeführt, der in seinem *Lobpreis meiner Faulheit* schreibt:

»Für Nichtstuer ist der Tabak ein Segen. Womit haben sich die Beamten bloß die Zeit vertrieben, als man ihn noch nicht kannte? Die Adligen im Mittelalter waren meiner Meinung nach so streitsüchtig, weil es das Tabakblatt mit seiner besänftigenden Wirkung noch nicht gab. Arbeit hatten sie keine, Rauchen konnten sie nicht. Was blieb ihnen anderes übrig, als mit Waffen herumzuspazieren und überall Streit zu suchen, um ihre starken Arme zu beschäftigen?«

Pierre Salinger.

Gegenüberliegende Seite: Jean Nouvel.

Folgende Seiten: Ausgestreckt auf einer Couch, gibt Groucho Marx vor, eine Zigarre zu rauchen.

FLOR DE SELVA

Kapitel VI

Andere Zigarren

GRAND·BRUXELLES
GROOT·BRUSSEL

Lassen wir die auserlesenen Kreise außer acht, die nie etwas anderes als Havannas geraucht haben, so kann man behaupten, daß die industriell gefertigte Zigarre viele Völker – wenn auch nicht alle – für sich gewonnen hat. Hier werden jene rätselhaften Unterschiede offenbar, die den Nationen ihr persönliches Gepräge geben und sie nur allzu oft in Konflikt zueinander bringen. Europa zerfiel in Sachen Zigarre von Beginn an in zwei deutlich getrennte Lager. Da gab es den Norden, der ihr mit beachtlichem Eifer huldigte, und den Süden, wo man ihr weit weniger zugetan war. Die Niederlande entwickelten sich in nur wenigen Jahren zu Meistern des »reinen Tabaks«, der unverfälschten, naturbelassenen Zigarre. Verglichen mit Zigaretten ist sie tatsächlich noch immer ein Naturprodukt, auch wenn die Fertigung inzwischen hochautomatisiert wurde. (Eine Ausnahme bilden die Vereinigten Staaten, die ihren Tabak denaturieren und ihm merkwürdige Aromastoffe beimischen.)

Während die vornehmen Kreise in England, Frankreich und allen anderen Ländern der Havanna huldigten, errichteten die Niederländer seit 1825 in ihrer Heimat riesige Werkstätten, um dort Tabak aus Brasilien und ihrer Kolonie Indonesien zu verarbeiten. Java und Sumatra lieferten die Deckblätter, Bahia die Einlagen. Experten kreierten ein »spezial mild« getauftes Aroma und legten angemessene Preise fest. Ein Vermögen wurde gemacht. Aus den einstigen Liebhabern des Pfeifentabaks, wie wir sie von den Wachstuben und Kirchweihfesten der Gemälde von Frans Hals und Teniers kennen, wird ein Volk von Zigarrenrauchern. Auch anderswo förderten die für ihre Tüchtigkeit berühmten holländischen Händler den Absatz. Die Zigarrenindustrie prosperiert in den Niederlanden noch heute. So produziert Holland mit seinen 14 Millionen Einwohnern mehr als eine Milliarde Zigarren und Zigarillos. Auf 250 Millionen Amerikaner kommt dagegen nur eine Stückzahl von 6 Milliarden, auf 80 Millionen Deutsche 2,5 Milliarden, auf 58 Millionen Franzosen 1,3 Millionen und auf 65 Millionen Engländer 1,7 Millionen. Nur von Dänemark wird Holland noch übertroffen, mit 1 Milliarde Zigarren und Zigarillos bei 5 Millionen Einwohnern.

Seite 166:
Zigarren der Marke Flor de Selva.

Mit solchen Zahlen kann der Süden nicht konkurrieren. Das große Spanien, dem die Welt die Havanna verdankt, fertigt nicht mehr Zigarren als Dänemark. In Italien werden keine 200 Millionen verkauft. Selbst Schweden, dessen Bevölkerung ein Siebtel der italienischen ausmacht, weist einen höheren Verbrauch auf. Der Norden dominiert. Die Kälte scheint zum Rauchen anzuregen.

August Sander, *Porträt eines Rheinbauern*.
Deutschland, um 1930/31.

Kuba exportiert 60 Millionen Zigarren und, wenn Gott – nicht unbedingt die Revolution – es will, werden es in einigen Jahren 80 bis 90 Millionen sein. Santo Domingo führt 100 Millionen Stück aus, eine Zahl, die sich vielleicht auf 150 Millionen erhöhen wird.

Kobke Christen Schjellerup (1810–1848), *Der Zigarrenverkäufer.*

Verglichen mit der industriellen Fertigung sind diese Zuwachsraten minimal. Doch selbst wenn eine Verdoppelung der Stückzahl gelänge, wäre dies immer noch ein winziger Anteil von dem, was weltweit an Zigarren – bzw. was man heute unter Zigarren versteht – produziert wird. Um so besser!

»Die Welt ist nur für manche gemacht«, soll Cäsar gesagt haben. Wäre dieser Satz niemals gedacht worden, er wäre ebenso gültig, ebenso scheinbar ungerecht, ebenso gerecht in seinem Kern. Nur einem kleinen Teil der Menschheit ist es vergönnt, einen Château Petrus zu kosten, und die Zahl dieser Glücklichen wird weiter abnehmen, wenn das Bevölkerungswachstum in solch unfaßbarer Weise ansteigt. Der *Petrus*, das sind 11 Hektar Reben und durchschnittlich

Bauchbinden der Marke Florida, aus der Zeit Napoleons I.

45 000 Flaschen Wein im Jahr. Vuelta Abajo, das sind 40 000 Hektar Tabak und wieviele *puros*? Gott weiß es, und vielleicht noch der Führungsstab der Habanos S.A. Nordöstlich von Santiago de los Caballeros liegen im Tal von Yaque die Tabakanbauflächen der Dominikanischen Republik. Sie sind die besten nach der Vuelta, und mit ihrer Ernte wird nicht weniger sorgfältig umgegangen als auf Kuba. Auch dieses Gebiet ist nicht größer als 40 000 Hektar. Die Grenzen des Produktion sind bald erreicht, während das Menschengeschlecht wächst. Gute Zigarren werden von wenigen geraucht.

Es steht jedem frei, zu den wenigen zu gehören, zu verzichten, um zu den wenigen zu gehören. Besteht das Leben nicht aus Verzicht? Der Mangel ist unser Los. Rauchen hilft uns, zu vergessen. Rauch spendet das einzige Vergessen, das diese Bezeichnung verdient.

Die Liebe schafft mehr Pein, als sie Leiden nimmt. Baudelaire hat zu dem Thema alles gesagt: »Wenn sich der Liebende keuchend über seine Schöne beugt / Ähnelt er einem Sterbenden, der sein Grab vor sich sieht.« Trinken – führt in den Stumpfsinn oder ins Delirium, wobei das erste nicht angenehmer ist als das zweite, wie Kenner meinen. Und so weiter.

Eine Zigarette hilft da schon eher, das Leben erträglich zu machen. Die Hartnäckigkeit, mit der sie, trotz aller Beweise ihrer Schädlichkeit und Warnungen vor gesundheitlichen Folgen, von hunderten Millionen Männern und Frauen geraucht wird, liefert ein immer wieder erneuertes, beredtes Zeugnis. Was soll man dann von der Zigarre sagen?

Die Zigarre macht das Leben lebenswert. Jähzornige Gemüter besänftigt sie, gehetzten Menschen schenkt sie Gelassenheit, von Sorgen Gequälten spendet sie Zuversicht, den Schwachen macht sie stark. Und es gibt keine Kehrseite der Medaille. Eine Havanna ist nicht

August Sander, *Porträt eines jungen Bauern*, Deutschland, um 1930.

Zigarren und die Welt der Tiere: Eine Taube als Zigarrenlieferantin auf dem Luftweg. Eine Zigarrenkiste treibt zusammen mit einer Seemöwe auf dem weiten Meer. Ein Cockerspaniel als Wachhund für *puros*.

Herbert Leupin, Werbeplakat der Zigarrenmarke Opal, um 1950.
Herbert Leupin, Werbeplakat der Zigarrenmarke Rössli, um 1960.

Vetsch, telephonierende Zigarre, Werbeplakat für die Firma Weber (Weber Corona ... *Zieht besser*), 1959. Karikatur des Mythos vom zigarrenrauchenden Unternehmer.

gesundheitsschädlich und ein Mißbrauch unmöglich. Sie sättigt, ohne träge zu machen, und schenkt Genuß ohne nachträgliches Bedauern.

Ein großes Rätsel bleibt und wird größer, je mehr die Menschheit wächst: Warum sind Zigarrenliebhaber so selten? In Frankreich sind es angeblich nur 50 000, das ist von tausend Franzosen nur einer. Überraschend wenig!

Der Zigarrenfreund ist ein wohlwollender Mensch. Das einzige Verlangen, das ihn umtreibt, ist, seine Leidenschaft mit anderen zu teilen, um das Wohlwollen auf Erden zu mehren. Wahrlich kein unwürdiges Bemühen! Doch wie oft wird die angebotene Zigarre von dem Novizen, den er sich auserwählt hat, abgelehnt. Der Unwissende will unwissend bleiben und verzichtet aus freien Stücken auf das wirksamste Mittel, die Unannehmlichkeiten des Lebens für einen Augenblick zu vergessen. Dieser Wille, dieser düstere Mut, wäre erhaben zu nennen, würde sich der Widerspenstige dadurch nicht die unschätzbare Gelegenheit nehmen, Gelassenheit, Nachsicht und Tugend zu erlangen. Der Zigarrenliebhaber steckt sein Etui wieder ein. Leises Bedauern erfüllt ihn über diesen erneuten Beweis für die Unvollkommenheit des Menschengeschlechts; er fühlt aber auch Erleichterung, weil die *puro*, die er bereits verloren geglaubt hatte, wieder in seinen Besitz zurückgekehrt ist. Soviel zu der Ungerechtigkeit in Cäsars Äußerung. »Die Welt ist nur für wenige gemacht«, heißt nicht, daß diese wenigen über sie verfügen – Cäsar selbst hat das unter Brutus' Messer schmerzhaft erfahren müssen –, sondern, daß man sie akzeptiert und in Einklang mit ihr lebt. Die engste Verbindung zwischen Natur und Mensch verdanken wir einer amerikanischen Pflanze.

Die Harmonie zwischen der Welt und dem Raucher ist vollkommen. Denn die Zigarre, dieses seltene Produkt, löst sich in Rauch auf, der körperlos, ungreifbar und vergänglich ist. Die beiden ersten Eigenschaften sind göttlicher Natur, die dritte ist die Kehrseite der Ewigkeit.

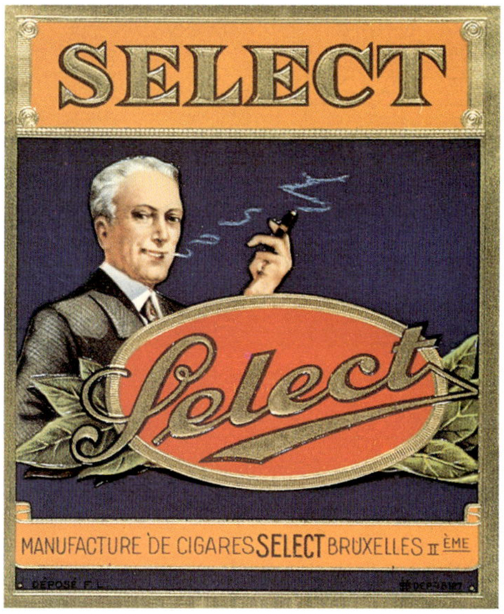

Vistas von Select, Wohl Bekomm's und Castella.

Davidoff

Kapitel VII

Die Importeure

LE VOLTIGEUR
excellent cigare léger
regie francaise caisse aut^me d'amortissement

Zur Einleitung einige Vorbemerkungen allgemeiner Natur: Fast der gesamte Zigarrenkonsum weltweit entfällt auf Europa und die Vereinigten Staaten. In allen anderen Teilen der Erde stammt die Kundschaft in der Regel aus Europa. Dies gilt insbesondere für Asien, wo allerdings Myanmar eine Sonderstellung einnimmt. Vor allem die auf den Flughäfen angebotenen steuerfreien Exemplare werden nahezu ausschließlich von Kunden aus dem Westen gekauft. Es gibt offizielle Importeure und andere. Die Seita, die seit Napoleon I. in Staatsbesitz war und erst unlängst privatisiert wurde, hält zusammen mit etwa sechs weiteren Importeuren von hochwertigen Zigarren aus Havanna und Santo Domingo den Großteil des Marktes, der inzwischen etwa 6 Millionen Zigarren absetzt. In alphabetischer Reihenfolge sind die wichtigsten Importfirmen die Gesellschaften Belrive, Compagnie des Caraïbes, Coprova, Procigar und P. & J. Tobacco.

Die Seita

Die Einfuhr von Zigarren nach Frankreich ist frei, seitdem die Seita, der Service d'exploitation industrielle des tabacs et allumettes (Amt für die industrielle Gewinnung von Tabaken und Steichhölzern), ursprünglich ein Monopol des Königs, dieses Monopol verloren hat. Während der Revolution 1789 wurde es das erste Mal aufgehoben, von Napoleon aber wiederhergestellt. 1980 wurde aus der Seita die Aktiengesellschaft Seita. Am 24. Februar 1995 erfolgte schließlich die Privatisierung.

Die Seita, Produzent und Vertreiber in einem, steht bei Zigarren, Zigaretten und Rauchtabaken in Frankreich an erster Stelle. Ihre Produktpalette deckt alle Marktsegmente ab und reicht von handgemachten, großen Formaten bis zu kleinen Zigarren. 1994 verkaufte sie in Frankreich 600 Millionen Zigarren, davon 95 % kleine Formate (3 Gramm Tabak oder weniger). Insgesamt hält sie einen Marktanteil von 40 %. Der Rest entfällt zum Großteil auf niederländische Firmen, deren führende Marken Henri Wintermans und Agio sind. Als Exporteur steht die Seita in Europa an zweiter Stelle.

Das Zigarrengeschäft war etwa 20 Jahre lang auf beiden Seiten des Atlantiks rückläufig. Gleichzeitig sank die durchschnittliche Größe der Formate. Beide Tendenzen – rückläufiges Geschäft und Kleinerwerden der Formate – stehen offensichtlich in einem Zusammenhang: Der vermehrte Griff zur kleinen Zigarre vermag den Absatzrückgang bei großformatigen Zigarren nicht auszugleichen. Seit 1993 – 1994 kann man in den USA ein Umschlagen des Trends feststellen. *Premiums*, wie die Amerikaner handgefertigte Luxuszigarren nennen, werden wieder vermehrt gekauft. Der Absatz von Zigarren aus Santo Domingo und Honduras (Havannas sind in den USA verboten) hat sich in nur 3 Jahren von 50 auf 100 Millionen Stück verdoppelt. Die Ursache dieses Phänomens dürfte wohl in den massiven Einschränkungen des Tabakkonsums in den USA liegen, auf die nun eine Gegenreaktion der Raucher erfolgt. Ohne stichhaltige Beweise hat man sie beschuldigt, ihre Landsleute zu vergiften, und militante Anhänger der Gesundheitsligen haben sie nach und nach aus der Öffentlichkeit vertrieben. Findet nun eine Revolte der Tabakliebhaber gegen eine allzu starke Repression statt? Indem sie sich in Klubs zusammenschließen, erkaufen sie sich gewissermaßen das Recht, in Ruhe und mit Gleichgesinnten ihrem Vergnügen zu frönen.

Deberny und Peignot, Werbung für die Zigarrenmarke Diplomates in einer Zeitung, 1933. Messe in Paris, 1934.

Bei der Seita fragt man sich, ob dieser explosionsartige Aufschwung auch Europa erreichen könnte. Seit 1994 verzeichnet der französische Markt wieder Zuwächse zwischen 3 und 4 % jährlich. Sie sind vor allem den kleinformatigen

Zigarren zu verdanken, die von einem durch die Preissteigerungen bei Zigaretten ausgelösten, veränderten Konsumverhalten profitieren. Der Absatz ist in Europa von Land zu Land sehr unterschiedlich. Wurden vor 20 Jahren in Deutschland noch 4 Milliarden Zigarren verkauft, sind es heute nur mehr 1 Milliarde. Damit steht Frankreich mit 1,5 Milliarden verkauften Zigarren (und 88 Milliarden verkauften Zigaretten) wieder an der Spitze des europäischen Marktes.

Die kleinen Zigarren, in denen man fast alle Tabaksorten der Welt wiederfindet, machen den Hauptbestandteil des Umsatzes aus. Sehr beliebt sind Marken wie Niñas, Havanitos und Fleur de Savane. Hinter den Café Crème von Wintermans, ebenfalls kleine Zigarren, stehen sie an zweiter, dritter und vierter Stelle der meistverkauften Formate in Frankreich.

Um die Führungspositon in Frankreich zu halten und ihre Stellung in Europa auszubauen, bringt die Seita bei milden, preiswerten und hochwertigen kleinen Zigarren fast ständig neue Produkte auf den Markt. Allein 1994 wurden bei den kleinen, milden Zigarren folgende neue Sorten eingeführt: Niñas doux et légers, Picaduros légers und Señoritas légers; bei den kleinen preiswerten Zigarren: Mini Meccarillos tradition, Picaduros Bahia und Señoritas cigarillos; bei den kleinen hochwertigen Zigarren: Mini Pléiades, Mini Longchamp und Mini Cohiba. Mehr als die Hälfte der Seita-Zigarren gab es vor 10 Jahren noch nicht.

Zigarillopackungen mit Cohibas und Meccarillos.

Diese aggressive Expansionspolitik rechtfertigt sich vor allem dadurch, daß ein beträchtlicher Teil des Zigarrenabsatzes der Seita, nämlich ungefähr 30 %, mit »alten« Produkten erzielt wird, deren Klientel sich nur wenig verjüngt. Regelmäßige Markteinbußen von 2 % jährlich sind die Folge. Dieser spezifische Verlust wird durch den Erfolg der neuen Produkte ausgeglichen.

Einen rückläufigen Absatz verzeichnet vor allem das Marktsegment der großformatigen Zigarren, wo die Seita allerdings mehr Importeur als Produzent ist, auch wenn für sie in Santo Domingo die Pléiades-Serie gefertigt wird.

Die Zigarren der großen Marken, die man auf Kuba von jeher, in der Dominikanischen Republik und Honduras seit kurzem von Hand fertigt, werden niemals Massenartikel sein. Dazu sind sie zu teuer und die erzielbaren Mengen ohnehin zu gering. Auch ihr Absatz ist rückläufig, wobei sie vom Trend zu den kleinen Zigarren ganz besonders betroffen sind.

Vor ungefähr 10 Jahren wurden in Frankreich noch zwischen 8 und 9 Millionen kubanischer Zigarren (7,6 Millionen im Jahr 1991) konsumiert. Heute sind es wenig mehr als 4 Millionen. Weitere Importe werden dazu verwendet, die Lagerbestände wieder aufzufüllen. Ist die Versorgung der Verkaufsstellen einmal gesichert, scheint eine Steigerung des Umsatzes durchaus möglich. Der Präsident der Seita, Jean-Dominique Comolli, hält eine Nachfrage in Höhe von 10 bis 12 Millionen Stück jährlich für nicht ausgeschlossen.

Zigarillopackung mit Club légers.

Die Mehrzahl der großen, handgefertigten Luxuszigarren kommt aus Kuba oder Santo Domingo in der Dominikanischen Republik, wo Seita seine Pléiades-Serie fertigen läßt. 13 Formate umfaßt diese Marke, von der in Frankreich jährlich etwa 200 000 Einheiten verkauft werden. Eine noch größere Zahl – 1994 waren es 500 000 Einheiten – exportiert Seita in die Vereinigten Staaten, die seit dem Embargo gegen Kuba der wichtigste Abnehmer von Zigarren aus der Dominikanischen Republik sind.

Zigarrenpackung der Marke Longchamp, kubanischer Tabak.

Zwei Abkommen, abgeschlossen am 16.5.1994 und am 4.3.1995, haben die Beziehungen zwischen der Seita und Havanna noch enger werden lassen. Das erste regelt die an Cubatabaco zu leistenden Anzahlungen, mit denen Liefer- und Materialkosten beglichen werden sollen, die bei Tabakanbau und Fertigung der Zigarren auf Kuba anfallen. Im Gegenzug verpflichtet sich Cubatabaco, 5,6 Millionen Zigarren an die Seita zu liefern. Im Jahr darauf wurde diese Zahl nach oben hin korrigiert. Kuba erklärte sich jetzt bereit, über 6 Millionen Zigarren zu liefern, darunter 1,8 Millionen Stück Montecristo.

Die Seita importiert direkt die Marken Bolivar, Cohiba, Hoyo de Monterrey, H. Upmann, Montecristo, Partagas, Por Larrañaga, Punch, Quintero, Romeo y Julieta. Außerdem die Quai d'Orsay-Serie, die für sie exklusiv in Kuba gefertigt wird. Insgesamt sind es 69 Zigarrentypen, deren Preis im Durchschnitt bei etwa 17 DM liegt.

Franc Port S.A.

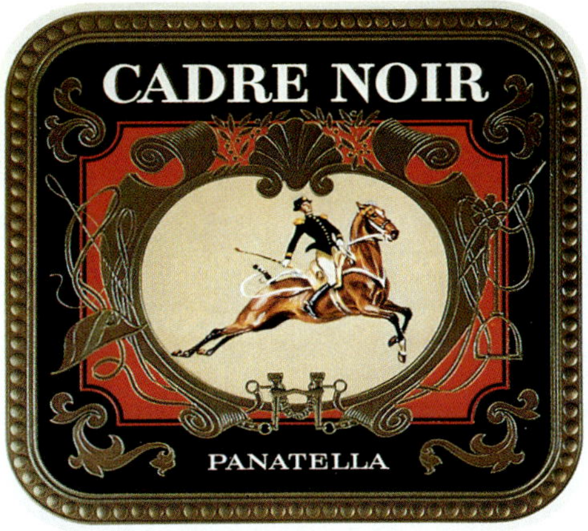

Vista der französischen Tabakmarke Cadre noir.

Franc Port S.A. (Freihafen AG). Unter diesem Namenverbirgt sich einer der führenden Importeure kubanischer Zigarren. Franc Port S.A. ist die Gesellschaft von José Maria Cases, einem der großen Wirtschaftsmagnaten unserer Zeit, der von Kuba über ganz Spanien bis zu den Pyrenäen seine Geschäfte betreibt. Ihren Sitz hat die Firma in Les Escaldas im Fürstentum Andorra. Ausgedehnte, hochmoderne Lagerflächen, die immer noch ausgebaut werden, und eine Casa del Habano im Erdgeschoß des eigenen Grandhotels bilden dort das Tabakimperium von Cases.

Franc Port hat das Alleinvertretungsrecht für den Import kubanischer Zigarren nach Andorra. Damit beherrscht die Gesellschaft ohne jede Konkurrenz einen Markt, der weit über die Grenzen des kleinen Fürstentums hinausreicht. Außerdem hält sie Marktanteile von 85 % bei honduranischen und 35 % bei dominikanischen Zigarren. 1996 führte sie 1,2 Millionen Havannas nach Andorra ein. Die voraussichtlichen Lieferungen für das Jahr 1997 lassen einen Zuwachs von 30 bis 40 % erhoffen. 1,6 Millionen Zigarren würden dann die Lager von J. M. Cases passieren.

Diese für ein einziges Unternehmen gewaltige Menge (das zudem in einen Staat mit weniger als 20 000 Einwohnern importiert) soll angeblich viel zu klein zu sein, um die Nachfrage befriedigen zu können. Cases schätzt sie bei einem langfristig wachsenden Markt, den die Vollendung der europäischen Wirtschaftsgemeinschaft nur wenig beeinflussen wird, auf 2,1 Millionen Stück.

24er Packung Orion und Minis der Pléiades-Serie.

Belrive ist zu 100 % eine Tochter der Davidoff-Gruppe, die wiederum der Firma Oettinger gehört, einem sehr alten Baseler Geschäftshaus, das seit seiner Gründung durch Max Goet im Jahre 1875 auf Tabakprodukte spezialisiert ist. In den 30er Jahren wurde es von dem Unternehmer Huppuch erworben, seit 1961 leitet es sein Schwiegersohn Dr. Ernest Schneider. Oettinger ist der führende Tabakhändler der Schweiz. Der Firmensitz unterhält mehr als 5000 Zweigstellen und beliefert fünf Vertriebszentren in der Eidgenossenschaft. Ein kurzer historischer Exkurs ist hier angebracht.

Das Handelshaus Davidoff, zunächst nur ein einfaches Tabakgeschäft, wurde in Genf 1911 von einem ukrainischen Emigranten, Vater des berühmten Zino Davidoff, in der Rue du Marché gegründet. Ein halbes Jahrhundert später ist Zino Europas Havanna-König und der berühmteste Zigarrenhändler der Welt. An ihn wandten sich die Kubaner um Rat, als nach den Umwälzungen durch den Sieg Fidel Castros im Jahr 1959 eine vollständige Reorganisation von Fertigung und Verkauf der *puros* nötig geworden war. Doch noch hatte Zino Davidoffs Berühmtheit ihren Höhepunkt nicht erreicht. 1969 schloß der 63jährige mit

Der Palacio colonial Davidoff auf Kuba.

Zino Davidoff, 1987.

Kuba einen Vertrag, der ihm erlaubte, Havannas unter eigenem Namen zu fertigen. Jetzt badet er in Ruhm, vergißt darüber aber nicht, seine Nachfolge zu sichern. Sonja, sein einziges Kind, mit einem Züricher Arzt verheiratet, kommt dafür nicht in Frage. 1970 kann ihn Dr. Schneider davon überzeugen, die Marke Davidoff im globalen Maßstab zu vermarkten. Schneider stellt ihm die Mittel zur Verfügung, sichert sich eine fünfjährige Zusammenarbeit und übernimmt Zinos renommiertes Label für die Firma Oettinger.

Aus fünf Jahren wird fast ein Vierteljahrhundert. Die Verbindung hält bis zum Tode Davidoffs 1994. Es sind 25 Jahre Aufschwung, die nur von dem Zerwürfnis mit Kuba im Jahr 1989 getrübt werden. »Während all der Zeit, die wir zusammen waren«, erklärt Raymond Scheurer, der stellvertretende Generaldirektor von Davidoff International, »hegten wir das Bäumchen, das wir gepflanzt hatten. Und: aus dem Bäumchen wurde ein Wald.« Einer seiner prächtigsten Forste ist Belrive.

Der Umsatz der Davidoff-Gruppe, die sich zu 100 % aus Eigenkapital finanziert, beläuft sich auf 670 Millionen Schweizer Franken. Sie hat weltweit mehr als 1650 Angestellte, die durch firmeninterne Ausbildung und Förderung einer sorgfältigen Auslese unterzogen werden. »Wir haben fünf Auswahlkriterien«, scherzt Scheurer, »die ersten vier sind immer dieselben: Auftreten und Charakter, Auftreten und Charakter ..., das fünfte heißt Kompetenz.«

Belrive wurde 1974 auf Betreiben des Zigarrenliebhabers Jacques Douce, damals Chef von Havas, mit dem Ziel gegründet, die Aufnahme der Davidoff-Erzeugnisse in das Produktangebot bei Seita zu ermöglichen. Als Firmensitz wählte man – mehr als augenzwinkernd – das berühmte Genfer Geschäft Zino Davidoffs in der Rue de Rive. Seita vertrieb die Davidoff-Zigarren, während Belrive mit vier Angestellten »dahinvegetierte«, wie sich Louis de Torres im Magazin *L'Amateur de cigare (Der Zigarrenliebhaber)* ausdrückte. 1989 beschloß Dr. Schneider, mehr aus Belrive zu machen. Die Gesellschaft wurde zur Tochterfirma der Davidoff-Gruppe und mit den Aufgabenbereichen Vertrieb und Marketing betraut.

Belrive wird heute von Patrice Greber geleitet. Seine Gesellschaft fungiert als Brückenkopf von Davidoff-International in Frankreich, wo das Unternehmen 26 Filialen und 35 Geschäfte besitzt. Mit 26 Angestellten deckt Belrive das gesamte französische Staatsgebiet ab und importiert mehr als 20 Zigarrenmarken aus der ganzen Welt. Nur aus Kuba nicht, mit dem man seit 1989 zerstritten ist.

Die Davidoff-Serie basiert auf handgefertigten Produkten des dominikanischen Familienunternehmens Kelner. Sie umfaßt 19 Formate, so die Aniversario 1 und 2, die Davidoff 1, 2 und 3 sowie Ambassadrice, die fünf Davidoff Grand Cru, die 1000er Serie (mit 5 Nummern) und die Davidoff Special »R«, Double »R« und Special »T«. »Wir kontrollieren alles in Santo Domingo, vom Saatgut bis zur Asche«, erklärt Scheurer mit Nachdruck.

Gegenüberliegende Seite: Packung der Davidoff Special »R«.

Zu den dominikanischen Davidoffs gehört auch die Belrive Sélection mit sechs handgefertigten Formaten von der Señorita bis zur *Double Corona*.

Die Zino-Serie, deren Zigarren ebenfalls handgerollt werden, kommt aus Honduras. Sie ist für den amerikanischen Markt bestimmt und billiger als die Davidoffs (das Stück kostet etwa 3 Dollar, eine Davidoff dagegen 15 Dollar). Die Serie hat sechs Mouton Cadet und acht weitere Formate in ihrem Angebot. Andere Zinos sind milder und aus Tabaksorten gefertigt, die in Java, Sumatra oder Brasilien angebaut werden.

1996 hat Belrive über 13 Tonnen Tabak, 760 000 maschinengefertigte Zigarren und 620 000 handgefertigte Zigarren abgesetzt.

Davidoff
Davidoff
Special «R»

Die Coprova ist eine 1978 gegründete Gesellschaft, die in ihrer Heimat Frankreich als Repräsentantin der Cubatabaco fungiert. Sie ist vor allem für Havannas zuständig und besitzt in Roissy ein Lager mit Fassungskapazitäten für mehrere Millionen Zigarren (1996 waren es etwa 3 Millionen). Generaldirektor Yaech charakterisiert die Situation der Firma so: »Zwischen uns und Seita besteht eine enge Zusammenarbeit.« Die Coprova ist mit dem Marketing für die in Frankreich vertriebenen kubanischen Zigarren beauftragt, gleich ob es sich um die Zigarren von Seita oder ihre eigenen handelt. Ihre gut ausgebildeten Mitarbeiter informieren und beraten Zigarrenverkäufer in ganz Frankreich und lehren sie vor allem die »goldenen Regeln der Luftbefeuchtung in Zigarrenschaufenstern«. In 10 Jahren stieg so die Zahl effizient befeuchteter Schaufenster von 250 auf 1000 an.

Die Verteilung der Havannas auf Coprova und Seita ist nach folgendem Schlüssel festgelegt: die Coprova importiert nach Frankreich acht Marken für sich selbst und elf für die Seita.

Insgesamt sind es 900 Zigarrentypen, darunter die berühmtesten Marken. Coprova vertreibt Belinda, El Rey del Mundo, Fonseca, Juan Lopez, La Gloria Cubana, Rafael Gonzalez, Sancho Panza und Statos de Luxe, die Seita Bolivar, Cohiba, Hoyo de Monterrey, H. Upmann, Montecristo, Partagas, Por Larrañaga, Punch, Quai d'Orsay, Quintero und Romeo y Julieta. Außerhalb Frankreichs liefert die Coprova Havannas in die drei Länder des Maghreb (binnen- und zollfreie Märkte) – Tunesien, Marroko und Algerien.

Sorgen machen Roberto Yaech die Entwicklung der Nebenmärkte sowie Fälschungen. Die heimlich verkauften »gepanschten« Zigarren schaden dem Image der Havanna, während der Weiterverkauf von echten, auf Kuba oder anderswo erstandenen Exemplaren zu einer Verzerrung des Marktes führt.

»Es steht gut«, meint man bei der Coprova und stützt sich bei diesem Urteil im wesentlichen auf die verbesserte Versorgungslage: » Die kubanische Produktion ist von 50 Millionen im Jahr 1990 auf 70 Millionen im Jahr 1996 und auf 100 Millionen im Jahr 1997 gestiegen.« Für 1998 wird ein weiterer signifikanter Anstieg erwartet. Nicht alle Formate sind in gleichem Maße verfügbar. Bei den *Doubles Coronas* und anderen großen Formaten überbietet man sich wechselseitig im Preis, was aber vor allem »affektbedingt« ist. Laut Coprova »wird die Nachfrage im Vergleich zum tatsächlich möglichen Verbrauch überschätzt«. Mit anderen Worten: Trotz verbesserter Versorgungslage wird es auch in Zukunft keine *Doubles Coronas* für jedermann geben.

Bisher hatte die Havanna unter den Anti-Raucher-Kampagnen nicht zu leiden. Im Gegenteil: Die Angriffe auf den Tabak, die sich vor allem gegen die Zigarette richten, scheinen das Interesse an Havannas eher gesteigert zu haben. Wie wäre sonst die steigende Anzahl von Zigarrenraucherklubs zu erklären? Es scheint, als führe der Weg zur Zigarre über die Zigarette.

Geschmacklich favorisieren die Raucher gegenwärtig die dicken, kurzen Formate vom Typ *Robusto* oder die Série D4 von Partagas. Das wachsende Interesse an der Zigarre dürfte zu einer zunehmenden Zahl von Kennern führen. Zigarrenrauchen ist beständiges Lernen, und nur wenige Liebhaber von *Double Coronas* haben mit diesem Format ihre Raucherkarriere begonnen. Die meisten Zigarrenraucher gelangen über die kleinen Zigarren zu den großen. Der Preis spielt hierbei unbestreitbar eine wichtige Rolle. So explodierte der Konsum bei bestimmten Zigarren, als sie billiger wurden. Ein gutes Preis-Leistungs-Verhältnis bieten die kleinen Havannas, die das Gros der Verkäufe ausmachen. Manches große Format dagegen könnte teurer verkauft werden, wenn es nur verfügbar wäre. Frankreich hat als Zigarrenmarkt seine Besonderheiten. Die Franzosen verfügen über keine »Zigarren-Kultur«, wie sie andere Länder auszeichnet, aber sie sind Epikureer. Die Havanna ist für sie ein Element des Lebensgenusses, die Ergänzung zu einem guten Wein, und erhöht die Behaglichkeit jener Augenblicke der Entspannung, die dem Leben erst seinen Zauber geben.

Intertabak AG

Die im schweizerischen Münchenstein ansässige Intertabak AG importiert etwa 20 Havanna-Marken mit über 120 Formaten, zwei dominikanische Marken mit 20 Formaten, zwei jamaikanische Marken mit sieben Formaten sowie Zigarren von den Philippinen und aus Brasilien. Sie hält bei Havannas etwa 60 %, bei dominikanischen Zigarren knapp 5 % und bei philippinischen Zigarren 70 % des Marktes. Bei den Havannas soll durch die Einführung weiterer Formate und intensivierte Werbekampagnen expandiert werden. Auch eine Erhöhung des Marktanteils bei den Santo-Domingo-Zigarren wird angestrebt. Zudem will man sich verstärkt um Zigarren aus Honduras und Nicaragua bemühen, um den Rauchern die größtmögliche Produktvielfalt bieten

O'Galop. Werbeplakat mit zigarrerauchendem Michelin-Männchen, 1910.

zu können. Die Intertabak AG importiert nicht nur Zigarren, sondern auch Raucherzubehör, Pfeifentabak und Pfeifen, z. B. der Marke Dunhill.

Der verstärkte Trend zur Zigarre, vor allem zur Premium bzw. zur Luxuszigarre, erweist sich als stabil, und die Zahl der Konsumenten nimmt dank Raucherklubs und Smoker Nights zu.

Die Schweiz ist und bleibt ein Land der Havanna. Mehr als zwei Drittel der dort gerauchten Zigarren stammen aus Kuba, auch wenn jamaikanische, honduranische und dominikanische Zigarren vier Jahre lang eine starke Absatzsteigerung erlebten, eine Tendenz, die sich inzwischen ihren Grenzen zu nähern scheint.

5TH AVENUE PRODUCTS TRADING

Die Beteiligungsgesellschaft 5th Avenue Products der Firma Villiger Söhne in Waldshut-Tiengen wurde 1989 als offizieller Alleinimporteur für kubanische Zigarren in Deutschland gegründet. Zu ihrem exklusiven Lieferprogramm gehören sämtliche Marken kubanischer Provenienz, die das Herz des *aficionado* höherschlagen lassen, darunter Cohiba, Linea 1492, Montecristo, La Gloria Cubana, Upmann, Partagas und viele weitere mehr. Natürlich profitiert auch 5th Avenue Products vom wiederentdeckten Geschmack der Deutschen nach edlen Tabakgenüssen, weswegen der Geschäftsführer Heinrich Villiger auch Spitzenerzeugnisse aus Nicaragua, Honduras und der Dominikanischen Republik im Angebot führt. Aus europäischer Produktion wird Backgammon, die Spitzenmarke der Firma Villiger Söhne, in Deutschland vertrieben, in der Tabaksorten aus Brasilien, Java, Sumatra und Kuba verarbeitet werden. Darüber hinaus sind über das Waldshuter Unternehmen verschiedene ausgefallene Zigarren-Accessoires beziehbar, unter anderem die bekannten Humidore von Michel Perrenoud aus der Schweiz.

KOHLHASE, KOPP & CO.

Michael Kohlhase kannte das Tabakgeschäft in all seinen Facetten, als er sich 1986 entschloß, in Rellingen vor den Toren Hamburgs auch in größerem Umfang ins Zigarrengeschäft einzusteigen. Heute ist er mit seinen 80 unterschiedlichen Formaten und mehr als 60 Marken der größte Importeur karibischer Zigarren in Deutschland, ein Markt, auf dem er sogar Davidoff hinter sich lassen konnte. Zu den Top-Sellern Kohlhases zählen Macanudo, Fuente, Don Diego, Las Cabrillas, Ashton, Joya de Nicaragua, Santa Damiana und Flor de Selva. Den jährlich um 15 bis 20 Prozent wachsenden europäischen Markt bedient der Hanseate mit 6,5 Millionen Zigarren, von denen er 4,5 Millionen allein in Deutschland absetzt. Nach Kohlhases Einschätzung, in dessen Humidoren zwischen 2 und 3 Millionen karibische Zigarren lagern, würde dieser Markt sogar noch schneller wachsen, wenn er die Mengen bekäme, die er braucht. Dabei setzt das Hamburger Unternehmen in voller Überzeugung auf alles, was außerhalb Kubas produziert wird. Und genauso wenig wie auf eine bestimmte Lieblingszigarre ist der Inhaber auf ein bestimmtes Herkunftsland festgelegt: »Das Know-how, das Kuba früher einmal großgemacht hat, ist mit den Exil-Kubanern längst auch in die anderen Länder der Karibik gewandert. Dominikanische Republik, Honduras, Nicaragua – da wird investiert, da liegt auch die Zukunft.«

SODITAB

Die 1992 gegründete Soditab (Société de distribution de tabac, Tabakvertriebsgesellschaft), an deren Spitze Philippe Guenneteau steht, ging aus der Société pipière francaise (SFP, Französische Tabakpfeifengesellschaft) hervor, einer Genossenschaft, deren Sache wohl nicht die Einfuhr und der Vertrieb hochwertiger Zigarren sein konnte.

Gegenüberliegende Seite: Zigarrenkiste der in Havanna gefertigten, kubanischen Marke Partagas.

1986, Soditab ist noch nicht aus der Taufe gehoben, beginnt man unter dem Label der SFP mit dem Vertrieb von dominikanischen Zigarren von Jean Clément, seitdem er seine Marke, mit dem typischen Bauchring am Zigarrenende, unter der hispanisierten Form seines Namens auf den Märkten durchgesetzt hat. Heute ist Soditab mit Juan Clemente, Arturo Fuente und Ashton beim Import dominikanischer Zigarren marktführend.

Einige Anmerkungen zu diesen drei Marken sind hier angebracht.

Arturo Fuente ist das größte in Familienbesitz befindliche Zigarrenunternehmen der Dominikanischen Republik. 1995 belief sich seine Produktion auf 25 Millionen Zigarren, die zu 95 % in die USA exportiert wurden.

Arturo Fuente, dessen Großvater in Pinar del Río als *tabaquero* gearbeitet hatte, gründete 1912 die nach ihm benannte, ursprünglich kubanische Marke. Heute

FLOR DE TABACOS DE
PARTAGAS
Y COMPAÑIA
REAL FABRICA DE TABACOS Y CIGARROS
ESTABLECIDA
EN 1845
A MESS.RS PARTAGAS & C.IE
CIFUENTES Y CA.
HABANA
PARTAGAS
HABANA

wird sie von Carlos Fuente, seinem Sohn, geleitet. Castros Revolution und das amerikanische Embargo hatte die Familie veranlaßt, ihre Firma woanders anzusiedeln. Ein erster Versuch in Santo Domingo scheiterte. Nach Zwischenstationen in Nicaragua und Honduras kehrte Carlos 1980 in die Dominikanische Republik zurück, wo er in Santiago eine Werkstatt mit sieben Angestellten eröffnete. Inzwischen arbeiten für ihn mehr als 5000 Menschen in drei Fabriken. 1978 starb Arturo Fuente, und Carlos übernahm die Leitung der Firma.

Die Marke Arturo Fuente hat drei Serien in ihrem Angebot: die Sélection Supérieure mit fünf hochwertigen Zigarrenformaten, darunter eine *Robusto*, und zwei Classic-Serien: eine für den amerikanischen Markt mit großen, starken Formaten, die andere für Europa, mit hellen Deckblättern und leichteren Formaten von der *Panetela* bis zur *Double Corona*.

Jean Clément, der aus Troyes in der Champagne stammt, führte in Lateinamerika ein Wanderleben als Verkäufer von Edelsteinen und Luxusartikeln. 1975 »schnallte« er, inzwischen 45 Jahre alt, »den Rucksack ab«, um in Santo Domingo Zigarren zu fertigen. Er war dort zunächst als Handelsvertreter für La Aurora tätig, der ältesten Fabrik am Platz. Anfang der 80er Jahre erfüllte er sich seinen Traum und brachte sein eigenes Produkt, die Juan Clemente, auf den Markt. Heute hat er über 500 Angestellte, die 550 000 Zigarren in 23 Formaten herstellen. Dies ist zwar eine bescheidene Menge, doch stehen seine Zigarren weltweit in dem Ruf, zu den besten aus der Dominikanischen Republik zu gehören.

Die Marke Ashton gehört zur 1898 gegründeten Holt's Cigar Company, die in Philadelphia in den USA ansässig ist. Sie bietet seit 1985 sieben Formate an, unter anderem eine *Churchill* und eine *Corona*. Der Tabak der Zigarren, die wie die Arturo Fuente und Juan Clemente handgerollt werden, stammt aus kubanischem Saatgut.

Établissements Suter

Das Haus Robert Suter ist der offizielle Alleinimporteur von Havannas in die Beneluxländer. Es vertreibt unter anderem Cohiba, Montecristo, La Gloria Cubana, Rafael González, Partagas, Romeo y Julieta, Punch, Hoyo de Monterrey, Bolivar, Sancho Panza und Quintero. Aus der Dominikanischen Republik importiert es die Marke Don Diego, von den Philippinen die Flor de la Isabela sowie Macanudo aus Jamaika. Es hält nach Stückzahl

4 % des belgischen Marktes, nach Wert allerdings über 30 %, da sich in seinem Angebot fast ausschließlich hochwertige Zigarren befinden. (Die Havannas allein machen in den Beneluxländern 80 % des Umsatzes in diesem Marktsegement aus.)

Durch letzte firmeninterne Schätzungen ermutigt, setzt das Handelshaus Suter, wie alle anderen europäischen Importeure, für das Jahr 1998 auf einen deutlichen Anstieg der Lieferungen aus Havanna. Erwartet wird ein Zuwachs von etwa 30 %. Doch so groß die aus Havanna gelieferten Mengen auch sein mögen, sie werden nicht ausreichen, um die stetig wachsende Nachfrage zu befriedigen, wenn Preis- und Qualitätsniveau konstant bleiben sollen.

La Tabacalera

Die Tabacalera hat in Spanien das Tabakmonopol. Sie ist das älteste Tabakunternehmen der Welt und nimmt für sich in Anspruch, im 18. Jahrhundert die *puro* erfunden zu haben, der von Sevilla aus mit Deckblatt, Umblatt und Einlage seinen Siegeszug um die Welt antrat. Sie ist der weltweit größte Importeur von Havannas, deren wichtigster Abnehmer Spanien ist. »Wir konsumieren zwischen 40 % und 50 % der kubanischen Zigarren«, teilte Pedro Perez, der Präsident des Unternehmens, dem *L'Amateur de cigare* mit.

Nach einer langen Phase mit rückläufigen Zahlen geht es seit drei Jahren in Spanien mit dem Zigarrenverkauf wieder aufwärts. 1996 betrug die Steigerung gegenüber dem Vorjahr 2,27 %. Dieser Trend wird sich nach Ansicht der Tabacalera fortsetzen. Dort nimmt man an, daß durch den gemeinsamen europäischen Markt eine Homogenisierung der Nachfrage eintreten wird. Sie ist bereits spürbar. So stieg die Zahl verkaufter Zigarillos um 16 %, womit ihr Marktanteil nun 35 % beträgt, während der Absatz bei den großen Zigarren unverändert blieb.

In Spanien wie anderswo haben die Antiraucher-Kampagnen keine negativen Auswirkungen auf den Zigarrenkonsum, sondern sind ihm eher förderlich, da mancher Zigarettenraucher zur »gesünderen« Zigarre überwechselt. Die massive Ablehnung des Tabakgenusses führt zudem zur Gründung zahlreicher Klubs, in denen sich die Raucher zusammenschließen, um ungestört ihre Liebhaberei zu pflegen. Geschmacklich schätzen die spanischen Zigarrenfreunde zunehmend leichte Aromen und ziehen, nach Angaben der Tabacalera, die kleineren den klassischen dicken, gehaltvollen Formaten vor.

Der Trend zu den leichten Aromen soll durch massive Einfuhren aus Nordeuropa verursacht worden sein. Die Tabacalera vertreibt alle Zigarren, die in Spanien verkauft werden. 1995 stammten 48 % aus eigener Fertigung; Farias, die einzige Marke des Unternehmens, erzielte einen Marktanteil von 33 %.

GÉRARD

Die Genfer Firma Gérard Père et Fils (Gérard und Sohn) hat in der Schweiz Davidoffs Rolle als Meister der Havanna übernommen. Nach dem Tod seines Vaters im September 1994 hält Vahé Gérard alleine das Banner hoch, das sie 30 Jahre lang gemeinsam geschwungen hatten. Das Handelshaus ist heute in der Hotelhalle des Noga Hilton untergebracht und macht aus dem Quai des Bergues, wie sich Arnould de Liederkerke ausdrückte, »eine Verlängerung des Malecon«, jener Straße in Havanna, in der das neue Hotel Cohiba eines der schönsten Zigarrengeschäfte der Stadt beherbergt. Die Gérards sind Kaufleute und echte Zigarrenliebhaber, die stolz darauf sind, nur Havannas, und zwar die allerbesten, in ihrem Sortiment zu haben. Ihre Kundschaft ist die schwierigste in Europa.

Jedes Jahr besuchten Vater und Sohn Kuba, um sich bei der Ernte persönlich eine Meinung über die Tabake zu bilden, die der *puro*-Produktion vorbehalten sein sollten. Eine Serie mit Tabakmischungen, von ihnen selbst kontrolliert, trägt ihren Namen: »Sélection Gérard«. Nur sie dürfen diese Zigarren verkaufen, womit wir diese großen Kaufleute auch unter die Importeure einordnen können.

Alle Zigarrenkisten, die in Genf ankommen, unterliegen bis zu ihrem Verkauf einem System permanenter Kontrolle, bei dem die Zigarren gekostet werden, um ihren Zustand zu überprüfen. Zum Abschluß sei noch erwähnt, daß die Firma eine Serie mit großen Formaten, *Double Corona* und größer, anbietet, die wegen der zu ihrer Fertigung benötigten riesigen Deckblätter eine Rarität darstellen. Vahé Gérard zählt so zu den außergewöhnlichen Dienern des Havanna-Kultes.

Gegenüberliegende Seite: *Media rueda*, Bündel mit 50 Havannas im Zigarrenschrank von Gérard Père et Fils, 1995.

Dunhill ist seit einem Jahrhundert der bedeutendste englische Name im Tabakgeschäft. Alfred Dunhill, der Markengründer, hatte zunächst Kautabake und diverse Pfeifentabakmischungen verkauft. Dank dieser Mischungen und seiner Pfeifen mit dem berühmten weißen Punkt machte er sich schon bald einen guten Namen. Anschließend dehnte er sein Geschäft, nicht minder erfolgreich, auf Zigarren aus. Dunhill belieferte Winston Churchill und war lange Zeit der größte Havanna-Importeur des Vereinigten Königreichs. Der mit sogenannten »Humidoren«, Klimaräumen, in denen die Zigarren nachreifen können, ausgestattete Laden der Firma in der Duke Street N° 30 galt als Heiligtum der Raucher und Alfred Dunhills Buch *The Gentle Art of Smoking* als Bibel der Tabakliebhaber. Wie Davidoff besaß Dunhill eine eigene Havanna-Marke. Sie kam 1968 auf den Markt und verschwand 1992 wieder wegen des mangelnden Absatzes. Das Schmuckstück der Serie war die wunderbare, in speziellen Zigarrenkisten angebote Havana Club.

Heute kontrolliert der Tabakriese Peter Stuyvesant die berühmte Firma, und die Gesellschaft Rothmans International ist für Marketing und Verkauf aller Tabakprodukte der Marke Dunhill zuständig. Dunhill-Zigarren sind handgerollt und werden in der Dominikanischen Republik von Consolidated Cigar Corporation und auf der kanarischen Insel Teneriffa von der CITA gefertigt.

Aus der Karibik kommt die Serie Dunhill Aged Cigar. Sie umfaßt 12 Formate von der *Churchill* bis zur sehr kleinen *Corona*, wobei drei der Formate (Churchill Cabrera, Corona Tabara und Rothschild Altamira) in Hülsen verkauft werden. Für die Einlageblätter verwendet man brasilianischen Tabak (*Piloto* und *Olor*), die Umblätter kommen aus Santo Domingo, die Deckblätter aus Connecticut. Die Serie wird in der ganzen Welt verkauft.

Gegenüberliegende Seite: Klimaraum mit durchnumerierten Safes, in denen die gelagerten Zigarren in einem idealen Feuchtigkeitszustand gehalten werden. Dunhill, 30, Duke Street, London.

Auf Teneriffa produziert man die Dunhill Canray Island Cigares. Es gibt sie in 5 Formaten, die allerdings nur in den Vereinigten Staaten erhältlich sind. Die Einlage besteht aus brasilianischem und dominikanischem Tabak (*Piloto seco* und *Piloto ligero* aus Santo Domingo), die Umblätter kommen aus Santo Domingo, die Deckblätter aus Connecticut.

Eine dritte Serie trägt den Namen Dunhill European Range. Sie umfaßt drei Zigarilloformate, die von der Firma Schimmelpenninck in Holland maschinell gefertigt werden. Für die Einlage stehen Tabake aus Bahia und Java zur Verfügung, für die Umblätter Tabak aus Java, für die Deckblätter Tabak aus Sumatra.

29
33
37
250
30
251
31
40
32

Oben: Schrank mit ungefähr 30 000 Zigarren. 1922.
Unten: Zum Reifen der Zigarren bestimmter Klimaraum des Handelshauses Dunhill, das in der Duke Street 30 im Stadtviertel St.-James ansässig ist. Auf jedem dieser Schränke steht der Name einer berühmten kubanischen Zigarrenmarke. London, 1928.

Hunters & Frankau

Hunters & Frankau ist seit 1990 Alleinimporteur kubanischer Zigarren nach Großbritannien. Die Gesellschaft ging aus der Fusion von John Hunter & Co hervor, einem Unternehmen, das 1790 gegründet wurde, und der Firma J. Frankau & Co., die 1839 entstand. Beide Unternehmen waren von Anfang an auf Zigarren spezialisiert, die am Ende der Napoleonischen Kriege in ganz Europa Mode wurden.

Der Zusammenschluß erfolgte im Jahr 1963. Frankau war zuvor (seit 1844) Handelsvertreter der Marke Herman Upmann in Großbritannien gewesen, die er 1922 erwarb und 1934 an Menendez y Garcia weiterverkaufte. Hunters besaßen zwischen 1911 und den 30er Jahren die Marke Ramón Allones, die sie an Cifuentes y Ca verkauften, und vertrieben als erstes Unternehmen in Europa Montecristos. In England und vor allem bei Dunhill gehen die Havannas durch sehr gute Hände.

Nicholas Freeman, der Vorsitzende von Hunters & Frankau, rechnet damit, daß es bei Havannas und anderen bedeutenden Zigarrenmarken auch 1997 weiterhin nur eingeschränkte Lieferungen geben wird. Die Produktion in der Dominikanischen Republik steigt zwar jährlich um etwa 30 %, kann aber mit der noch schneller wachsenden Nachfrage des amerikanischen Marktes nicht mithalten. In Kuba verzeichnet die Zigarrenproduktion auch regelmäßigen Zuwachs, vermag der weltweit steigenden Nachfrage aber ebenso wenig zu folgen. Die für 1996 angekündigten 70 Millionen *puros* dürften zu ihrer Befriedigung bei weitem nicht ausreichen.

Nach Ansicht von Hunters & Frankau ist die Nachfrage nach Havannas schwer zu beurteilen, da man bei einem Luxusartikel mit weltweiter Verbreitung die Bedürfnisse des Verbrauchers allzuleicht überschätzt. Die Firma geht davon aus, daß sie weltweit zwischen 85 und 100 Millionen Stück pro Jahr beträgt. Havanna hat jedenfalls für das Ende des Jahrtausends eine Steigerung der Lieferungen nach Europa angekündigt.

Die Havannas machen in etwa 75 % des Marktes für Luxuszigarren im Vereinigten Königreich aus. Der restliche Anteil verteilt sich zu zwei Dritteln auf honduranische und zu einem Drittel auf dominikanische Zigarren. Die illegalen Einfuhren sind infolge der hohen Besteuerung beträchtlich, allerdings schwer zu beziffern.

Kapitel VIII

Tips für den Zigarrenraucher

Anzünden, ohne die Zigarre zu schwärzen.

Das Anzünden ist ein Vorgang, der große Präzision erfordert. Erster Schritt: die Zigarre muß gut im Mund sitzen. Weder darf sie von einem Mundwinkel zum anderen rutschen, noch sich zwischen den Zähnen um die eigene Achse drehen. Sie ist fest so zwischen die Lippen zu schieben, daß sie mit dem Kiefer einen rechten Winkel bildet. Zweiter Schritt: die ausgewählte Wärmequelle – Gasfeuerzeug, Streichhölzer oder das glühende Ende eines Holzstückes – wird zum Zigarrenende geführt. Die Flamme muß groß genug sein; nur so wird eine gleichmäßige Verteilung der Glut auf der ganzen Oberfläche des Zigarrenendes erreicht. Sie darf mit der Zigarre nicht in Berührung kommen, da eine Schwärzung die Folge wäre. Dritter Schritt: das eigentliche Anzünden. Nachdem man die Zigarre, etwa einen Zentimeter von der Wärmequelle entfernt, mehrmals gedreht hat, macht man zwei langsame, tiefe Züge um sie zum Glühen zu bringen. Manche Raucher ziehen es vor, das Zigarrenende zunächst zu erhitzen und dann auf die Glut zu blasen. Diese Technik ist nicht mit dem Erwärmen des Deckblattes zu verwechseln, das im 19. Jahrhundert seine Berechtigung hatte, als es noch mit einem geruchsintensiven Gummi befestigt war, der durch das Erhitzen aufgelöst wurde. Heute ist dieses Vorgehen der guten Verbrennung der Zigarre sogar abträglich, da sie dabei austrocknet.

Seite 202: Brennende Zigarre.

Gegenüberliegende Seite: Relief, das im Hintergrund eine exotische Landschaft, im Vordergrund Eingeborene zeigt, die für einen europäischen Käufer Tabak verpacken. 19. Jahrhundert.

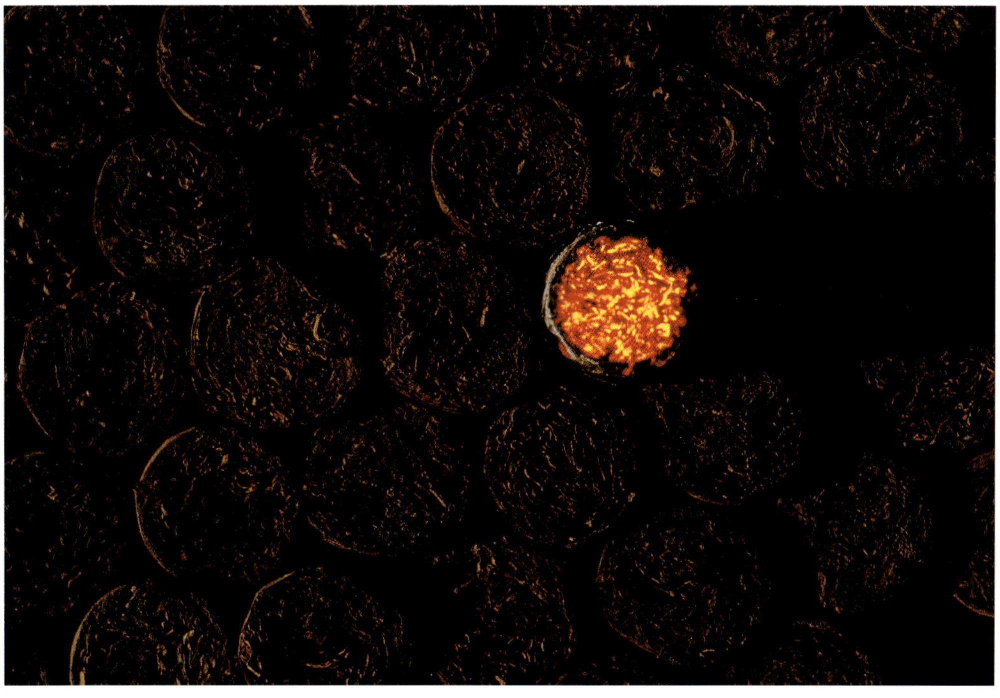

Zigarrenglut.

Streichholz: soll man es weglegen oder in die Zigarre stecken?

Das Streichholz soll im Aschenbecher seine letzte Ruhe finden. Niemals, wirklich niemals, steckt es ein echter Raucher in seine Zigarre.

Zigarrenzündhölzer.

Zigarrenschneider aus Silber und Streichholzdose.

Bauchbinde oder wie sich ihrer entledigen?

Soll man sie vor oder nach dem Anzünden entfernen? Eugène Marsan meinte 1929: »Gehört die Zigarre dir selbst, ziehst du den hübschen Ring auf der Stelle ab; wer Takt hat, macht dies ganz automatisch. Bekommst du die Zigarre angeboten, läßt du dir mit dem Entfernen der Bauchbinde etwas Zeit, und zeigst so, du bist ein Mensch mit Feingefühl.« Die Bauchbinde war 1844 ursprünglich zu dem Zweck eingeführt worden, die Hersteller gegen Fälschungen und die weißen Handschuhe der Dandys vor Flecken zu schützen. Als man aber in Europa auf Initiative der Engländer hin trocken zu rauchen begann, stand man vor der Qual der Wahl: Entfernte man die Bauchbinde, riskierte man, das Deckblatt abzulösen, beließ man sie an der Zigarre, galt man schnell als Pedant.

Heute ist das Nichtentfernen der Bauchbinde keine Flegelei mehr, und man darf sich unbekümmert an ihrem bunten Bild erfreuen. Entscheidet man sich dafür, »anonym« zu rauchen, ist zu beachten, daß selbst ein geschmeidiges Deckblatt beim Herunterziehen der Bauchbinde Schaden nehmen kann.

Von einem unbekannten Künstler gefertige Collage aus Bauchbinden und *vistas*. England, Anfang des 20. Jahrhunderts.

Bauchbinde der Marke Savannah mit Matrose.
Bauchbinde aus Belgien, großes Format, Marke Alto.
Moderne Bauchbinde aus Belgien, Marke Vander Elst.
Belgische Bauchbinde, Beginn des 20. Jahrhunderts. Sie feiert das Theaterstück »Cyrano de Bergerac«.
Belgische Bauchbinde, großformatig, Marke Verellen Ltd.
Moderne Bauchbinde von De Nederlandsche Munt.

Asche oder die Kunst, sie abzuklopfen.

Sacha Guitry meint, man solle die Asche in der Hand verwahren – ein seltsamer Vorschlag. Auf jeden Fall verlangt der gute Stil, daß man sie nicht am Zigarrenende beläßt. Im Gegensatz zu einem weit verbreiteten Vorurteil, das der Asche eine Verbesserung des Zigarrenbrands unterstellt, ist sie zu nichts nutze. Es ist daher angebracht, sie mit einer leichten Neigung der Zigarre in das für sie geschaffene Gefäß, den Aschenbecher, zu befördern.

Aschenbecher. Mehrfarbige Fayencearbeit. Dargestellt sind ein Amerikaner und ein Spanier, die sich auf einem Tabakblatt um eine Zigarre (Aufschrift Cuba) streiten. Frankreich, um 1900.

Komfortabel aufbewahren.

Von der Hülse über das Kühlschrankfach bis hin zum wassergefüllten Marmeladenglas in einer zweifelhaften Plastikdose wurde schon alles vorgeschlagen. Man wundert sich, daß einem nicht empfohlen wird, seine Zigarren vor dem Haus irgendwo zwischen Kanalisation und Grundwasser zu vergraben. Auch wenn es enttäuschend sein mag, das einzige Vernünftige ist der mit Hygrometer, Befeuchter und gut durchlüftetem Gitterwerk ausgestattete Humidor oder bei Sammlern der Zigarrenschrank.

Rechteckige Zigarrenkiste aus Lapislazuli und Gelbgold. Deckel aus aneinandergesetzten Lapislazuli-Plättchen. Kistenränder aus Gelbgold mit ovalem Ornament, Füße aus Gold mit ovalem und Girlandenornament. Verschluß aus Lapislazuli mit Ovalen aus Gold. Cartier, Paris, London, New York, 1927.

Zigarrenkästchen mit Ebenholzfurnier und eingelegten Kupferfäden. Unterschiedliche Fächer bieten Platz für Zigarren verschiedener Größe. Frankreich, Zeit Louis Philippes (1830–1848).

Zigarrentruhe aus Rosen-, Mahagoni- und Eichenholz. Auf einem Medaillon aus Bronze sind zwei Pferde und ein Stallknecht abgebildet. Im Innern 30 kleine Fächer und vier Schubladen. Vom Kunstschreiner Diehl im Auftrag Napoleons III. in der zweiten Hälfte des 19. Jahrhunderts gefertigt.

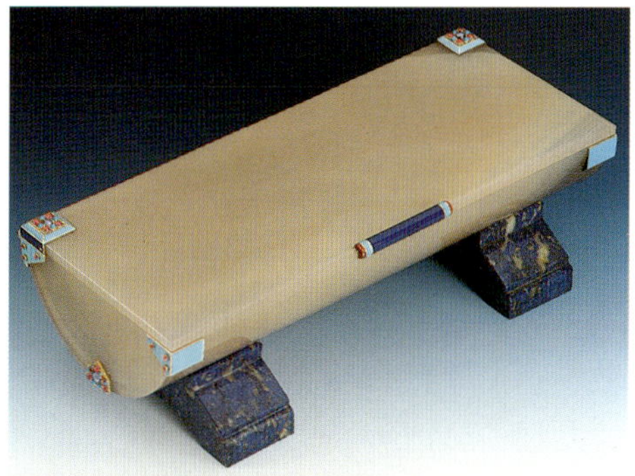

Rechteckige Zigarrenkiste mit geschwungenem Boden aus Achat. Die Scharniere sind mit Quadraten aus Email und Türkis verziert, die in der Mitte mit polierten Türkisen, Rubinen und Saphiren geschmückt sind. Die vorderen Ecken sind mit mit türkisfarbenem Email besetzt, in das drei in Gold gefaßte, polierte Rubine eingelassen sind. Knopf aus lapislazuliblauem, türkisfarbenem und rotem Email. Verstellbare Füße aus Lapislazuli mit Goldkiesinkrustationen. Cartier, London, 1929.

Lackierter Namiki-Humidor.

Zigarrenständer aus lackiertem Holz in Form eines Pavillons. Mit Gebirgslandschaften bemalte Schwingtüren. Im Sockel eingebaut eine Musikdose. Frankreich(?), zweite Hälfte des 19. Jahrhunderts.

Ausmachen, ohne auszudrücken.

Eine Zigarre verbrennt nicht vollständig. Ist das zweite Drittel erreicht, wird die Zigarrenglut ganz von alleine schwächer und verglimmt langsam, ohne daß sich der Raucher darum kümmern muß. Sie auszudrücken wäre nicht korrekt. Eine gute Zigarre ist »in erster Linie Rauch«, schreibt Rudyard Kipling.

Einschneiden oder wie öffnet man den Kopf der Zigarre?

Viele Kubaner und Spanier beißen den Kopf einfach auf. Davon kann man nur abraten, da die Gefahr, dabei das Deckblatt zu zerreißen, zu groß ist.

Werkzeuge sind zum Öffnen des Kopfes besser geeignet. Doch welche soll man verwenden? Bitte keine chirurgischen Instrumente! Sie ruinieren ihn und schaffen einen unvorteilhaften Luftdurchzug.

Auch das sagenumwobene Bohrinstrument – eine Mischung aus Korkenzieher und Kartoffelschäler –, das von Gilbert Belaubre (Autor eines berühmten Zigarrenhandbuchs) wiederentdeckt wurde, wollen wir schnell vergessen und zu geläufigeren, bequemeren Werkzeugen kommen. Ein guter Einschnitt soll eine auf die Größe der Zigarre abgestimmte, kleine Öffnung schaffen. Das Nonplusultra des guten Zigarrenschneiders ist daher die Zigarrenschere mit Klingen in Form eines Papageienschnabels. Sie ist das Präzisionswerkzeug des gut ausgerüsteten Zigarrenfreundes. Auch Zigarrenguillotinen sind sehr effizient und garantieren durch ihren scharfen, glatten Schnitt gleichbleibenden Zug und guten Brand. In erfahrenen Händen kann übrigens auch ein scharfes Federmesser Wunder wirken.

Zigarrenschneider in Form eines Messers. Elfenbein und Stahl. Frankreich, 1930.

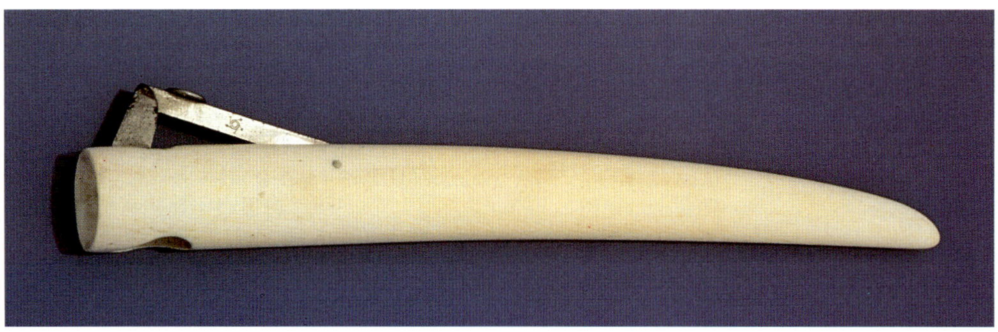

Zigarrenkästchen aus braunem Holz. Ausgehendes 19. Jahrhundert.

Zigarrenschneider in Scherenform. Aus Gelbgold mit poliertem Saphir auf beiden Seiten. Cartier, Paris, London, New York, 1923.

Moderner, runder Zigarrenschneider.
Zigarrenschneider in Guillotineform. Mahagoni und Stahl. Frankreich, um 1830.

Wiederanzünden.

Manche meinen, ihren Unmut bekunden und die Nase rümpfen zu müssen, wenn vor ihren Augen eine Zigarre wiederangezündet wird. Sie irren. Natürlich wärmt man eine drei Tage alte Glut nicht wieder an, doch der gute Geschmack, hindert uns nicht daran, eine Zigarre, die wir aus Unaufmerksamkeit haben ausgehen lassen, wieder zum Leben zu erwecken.

Allerdings sollte man das Zigarrenende mit Hilfe eines Streichholzes glätten, bevor man es zum zweiten Mal erwärmt.

Transportieren oder wie trage ich sie immer bei mir ?

Die Antwort ist einfach. Man benutzt ein Zigarrenetui.

Oben: Jimmy »Schnozzie« Durante, Metro Goldwyn-Mayer.

Rechts: Zigarrenetui mit den Initialen H.A.M.

Gegenüberliegende Seite: Marcel Duchamp in seiner Werkstatt in Neuilly.

Zigarrenetui aus Elfenbein mit Posamentierarbeit, das ein Relief nachahmt. Innen rosa Moiré. Frankreich, zweite Hälfte des 19. Jahrhunderts.

Zigarrenetui aus Elfenbein. Relief mit badenden Frauen. Frankreich, zweite Hälfte des 19. Jahrhunderts.

Mit Vernis Martin lackiertes Zigarrenetui, auf dem eine humoristische Szene dargestellt ist: Eine Dame muß von ihrem Fenster aus mitansehen, wie ihr Verehrer beim Versuch, über eine Mauer zu klettern, von einem Hund gebissen wird. Frankreich, um 1850.

Tabakdose aus Saint-Omer-Fayence. Tabakblätter als farbige Verzierung rund um die Aufschrift »Tabak«. Schraubverschluß aus Zinn. Frankreich, Anfang des 18. Jahrhunderts.

Zigarrenetui mit Strohmarketerie. Im unteren Bereich ein Vogel. Frankreich 19. Jahrhundert.

Zigarrenetui aus Holz. Eine Einlegearbeit zeigt auf schwarzem Grund einen Angler mit einem Fisch in der Hand und einem Kescher über der Schulter. Die Rückseite des Etuis trägt die Aufschrift »Nice«. Italien, 1930.

Etui aus poliertem Gelbgold für zwei Zigarren des Formats *Corona*. Enden aus schwarzem Email mit schmäler werdenden Zierleisten. Hülle aus schwarzem russischen Leder, mit einer Grafenkrone als Verzierung.

Zigarrenetui aus dem Ersten Weltkrieg.

Nachdem ich zu diesem tröstenden Schluß gelangt war, verspürte ich Lust auf eine Zigarre und ging hinunter, um mir eine zu holen. Unten war alles ruhig. Mit einer rotglühenden Zigarre zwischen den Zähnen stieg ich barfuß in der lauen, windstillen Nacht wieder hoch zur Back.« Die Ruhe und die Atmosphäre heiterer Gelassenheit trägt dazu bei, daß der Kapitän, den Joseph Conrad diese Überlegungen anstellen läßt, Augenblicke eines einzigartigen Zigarrengenusses erlebt.

Ob man alleine raucht oder in Gesellschaft, man muß sich Zeit nehmen für eine Zigarre; nicht die Zeit, die wir mit Uhren messen, sondern die andere, zeitlose, die Sie entführt in ein Anderswo von Träumen und Gedanken. Es muß nicht Nacht sein, auch den Momenten nach einem Mittagessen kann sie eine unvergleichliche Wonne verleihen. Eine Zigarre schmeckt nach einer Kalbsbrust besser als nach einem Steak mit Kartoffelpüree. Sie braucht ein Ambiente, das ihrem Genuß förderlich ist. Friedvolle Stille ist unentbehrlich. Niemals wird es einem Liebhaber in den Sinn kommen, sich seine Zigarre im lärmenden Straßengewühl anzustecken. Sie fordert zudem Einmaligkeit. Eine gute Zigarre ist eine intensive Erfahrung, die durch Wiederholung verdorben würde. Daher raucht man nie zwei Zigarren hintereinander. Obwohl der Wind ein Feind des Rauchers ist (man sagt, daß er die *puro* »frißt und raucht«), hindert uns doch nichts daran, im Freien zu rauchen, wenn das Wetter es zuläßt und die Stimmung danach ist. Ein echter Zigarrenliebhaber wird von drei goldenen Regeln nie abweichen: Eine Zigarre ist an einem geschützten Ort anzuzünden, sie wird nicht im Gehen geraucht und vor allem, sie wird nicht inhaliert. Der Rauch wird wieder an die Luft abgegeben, bewahrt werden nur die Aromen.

Obwohl auf allen Zigarrenkisten spanische Vor- oder Beinamen standen, waren sie in den USA mit lithographischen Darstellungen geschmückt. Die »wenig spröde« Frau war immer ein Lieblingsthema der *Vista*-Maler.

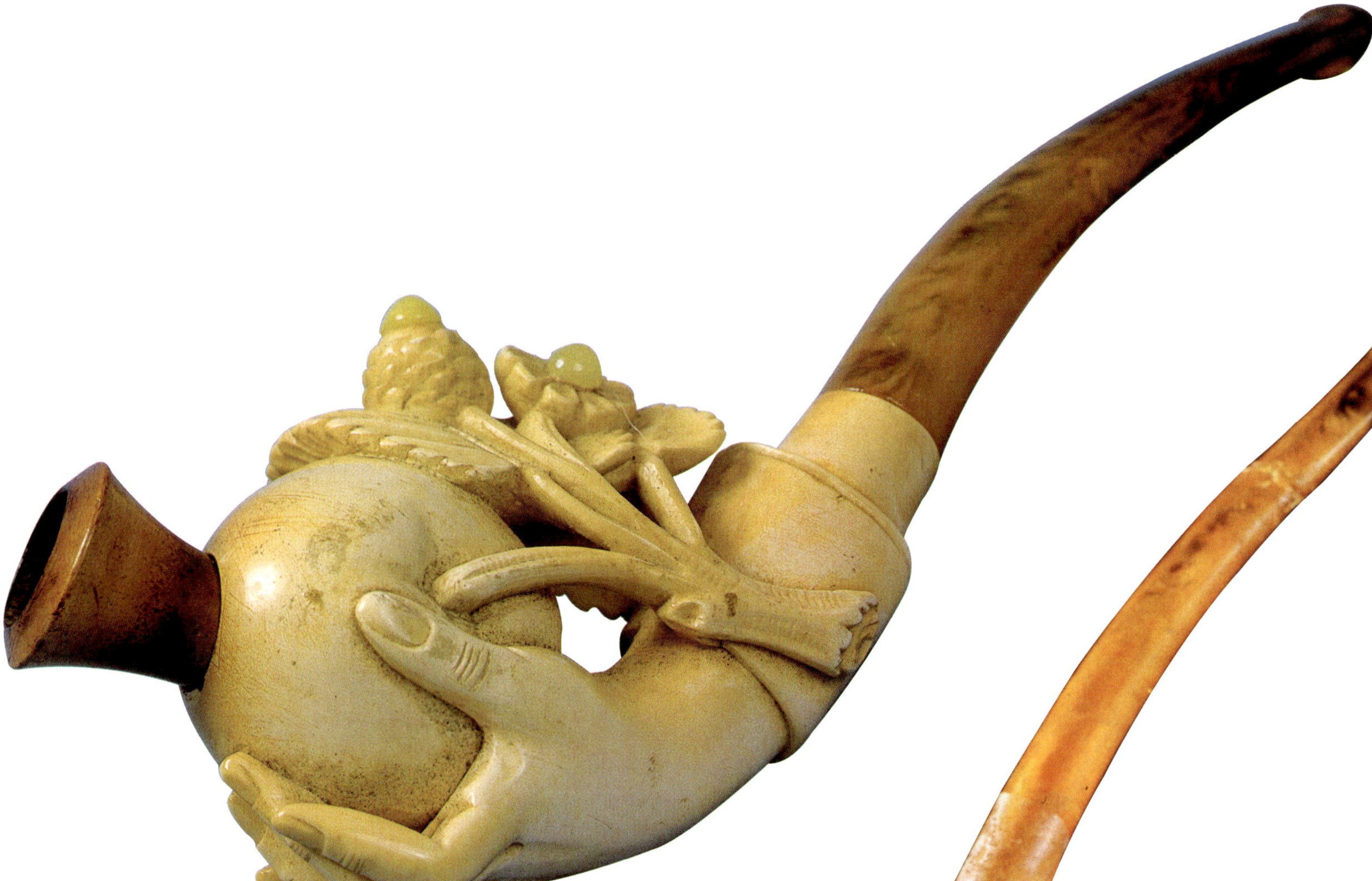

Zigarrenspitze aus Meerschaum mit Bernsteinrohr. Klassisches Motiv: Hand, eine pflanzengeschmückte Kugel haltend. Österreich, 19. Jahrhundert.

Zigarrenspitze aus Meerschaum. Das eingearbeitete Hochrelief zeigt zwei liegende, nackte Frauen sowie Vögel inmitten von Rosengirlanden. Frankreich, Ende des 19. Jahrhunderts.

Europäische Adressen

Sie öffnen Ihr Zigarrenetui und stellen fest: es ist leer. Sie befinden sich gerade in Cardiff, Lugano oder De Panne, und der Wunsch, ihrer Lieblings-Partagas den Kopf abzuschneiden, läßt sie nicht los. Dann kann dieser Zigarrenführer, der ihnen die empfehlenswerten europäischen Raucherlokale und Raucherläden präsentiert, ihre Rettung sein.

Die Benelux-Länder

Traditionell lieben die Belgier eher feuchte, die Holländer eher trockene Zigarren. Man wird also z. B. kubanische und dominikanische Tabaksorten im Süden finden, den Sumatra im Norden. Seit 1990 sieht es so aus, als könnten auch Zigarren aus der Karibik einen Durchbruch auf dem holländischen Markt erzielen. Bleibt noch anzumerken, daß die renommierten Raucherlokale meist westlich der Schelde anzutrefffen sind. Ob Wallonen oder Flamen, die Belgier haben es noch immer gut in Sachen Tabak.

Belgien

Antwerpen

Huis Van De Voorde
Lange Koepoortstraat 43-49
2000 Antwerpen
Tel: +32-3-232 01 67

Huis Verloo
Amerikalei 158 A
2000 Antwerpen
Tel: +32-3-238 08 64

Brüssel

Maison Makaya
Bd. Adolphe Max 145
1000 Bruxelles
Tel: +32-2-217 02 16

Boutique Davidoff
Rue Lebeau 8–10
1000 Bruxelles
Tel: +32-2-512 94 22

La Tête d'Or
Rue de la Tête d'Or 13 –
Grand Place
1000 Bruxelles
Tel: +32-2-512 34 18

De Panne

Huis Six
Zeelaan 214
8660 De Panne
Tel: +32-58-41 28 35

Genk

Marc Claes
Stationstraat 51
3600 Genk
Tel: +32-89-35 24 46

Gent

Huis Caron
Veldstraat 45
9000 Gent
Tel: +32-9-225 35 44

Grivegnée

Maison Carlo-Troussart
Rue Haute-Wez 161
4030 Grivegnée
Tel: +32-43-42 52 81

Knokke-Heist

Triangle Rookartikelen
Driehoeksplein 11
8300 Knokke
Tel: +32-50-62 32 76

Lüttich

Maison Demoulin
Rue de Guillemins 143
4000 Liège
Tel: +32-42-52 44 71

Menin

Maison Demuynck
Rue de Lille 278
8930 Menin
Tel: +32-56-51 22 49

Namur

Maison Roméo Cigares
Rue de Marchovelette 27
5000 Namur
Tel: +32-81-23 14 50

Luxemburg

Luxemburg

La Civette
Avenue de la Porte
Neuve 22 B
L-2227 Luxembourg
Tel: +352-22-13 21

Esch-sur-Alzette

La Tabathèque
Rue J. B. Bausch 1
L-4023 Esch-sur-Alzette
Tel: +352-54-07 72

Strassen

ETS Romain Terzi
Route d'Arlon 30
L-8001 Strassen/Bl 10
Tel: +352-45-21 21

Niederlande

Amsterdam

P.G.C. Hajenius
Rokin 92/96
1012 KZ Amsterdam
Tel: +31-20-623 74 94

Davidoff
Van Baerlestraat 84
1071 BB Amsterdam
Tel: +31-20-671 10 42

John N. Andringa
Regulierbreestraat 2
1071 CN Amsterdam
Tel: +31-20-623 28 36

Den Haag

Huis De Graaf
Heulstraat 27
2514 ER Den Haag
Tel: +31-70-346 34 82

Rotterdam

Huis Van Dalen
Meent 17
3011-JB Rotterdam
Tel: +31-10-413 16 99

Deutschland

Allmählich wächst auch in Deutschland die Begeisterung für Zigarren. Verglichen mit den spanischen oder französischen Rauchgewohnheiten sind sie aber immer noch Kleinverbraucher. Doch der Markt wartet nur darauf zu expandieren, und die Tabakverkäufer in Deutschland bieten eine gute Auswahl zu anständigen Preisen.

Augsburg

Herbert Mayer
Steingasse 7
86150 Augsburg
Tel: 0821-51 78 78

Bamberg

Peter Weinig
Hauptwachstraße 17
96047 Bamberg
Tel: 0951-962 35 16

Berlin

KaDeWe / Davidoff
Tauentzienstraße 21–24
10789 Berlin
Tel: 030-21 21 23 05

Kiwus ... nur für Raucher
Kantstraße 56
10627 Berlin
Tel: 030-312 44 50

Bremen

Pfeifen-Studio Roland v. Bremen
Herdentorsteinweg 37
28195 Bremen
Tel: 0421-125 82

Bünde

Pfeifen Pollner
Bahnhofstraße 11
32257 Bünde
Tel: 05223-38 47

Düsseldorf

Cigar Cabinat
(Casa del Habano
Poststraße 70
40667 Düsseldorf-Meerbusch
Tel: 02132-91 12 94

Pfeifen-Center Peter Linzbach
Graf-Adolf-Straße 78
40210 Düsseldorf
Tel: 0211-36 23 02

Essen

Pfeifen Schilde
Kastanienallee 14
45127 Essen
Tel: 0201-22 72 27

Frankfurt

Tabak Fischer
Münchener Straße 22
60329 Frankfurt
Tel: 069-23 58 85

Hamburg

Tobacco World
Große Bleichen 1
20345 Hamburg
Tel: 040-35 18 49

Tabacalera Hanseatica
Große Bleichen 46
20345 Hamburg
Tel: 040-35 27 47

Kassel

Pipe Shop Kassel
Wolfsschlucht 3
34117 Kassel
Tel: 0561-77 63 23

Köln

Peter Heinrichs Tabakwaren
Hahnenstraße 2
50667 Köln
Tel: 0221-25 62 31

Tabak-Collegium-Koster
Richartzstraße 12
50667 Köln
Tel: 0221-257 87 65

Lübeck

Heinrich Möller
Holstenstraße 42
23552 Lübeck
Tel: 0451-777 12

München

W. Bader
Marienplatz 8
80331 München
Tel: 089-22 30 06

Georg Huber
Tal 22
80331 München
Tel: 089-22 91 57

Max Zechbauer
Residenzstraße 10
80333 München
Tel: 089-29 01 30 26

Stuttgart

Alte Tabakstube am Schillerplatz
Schillerplatz 4
70173 Stuttgart
Tel: 0711-29 27 29

Pfeifenarchiv Stuttgart
Calwer Passage
70173 Stuttgart
Tel: 0711-29 07 01

Grossbritannien

England: der Schatten von Oscar Wilde mit seiner Punch und die wulstige Unterlippe Churchills, die eine Romeo y Julieta festklemmt. Das Land hat die Zigarre zwar nicht erfunden, doch aus ihrem Genuß eine Ästhetik gemacht. Mythos und Bequemlichkeit: die Ledersessel bei J.J. Fox of St James's und die Zigarrenabteilung von Harrods.

London

Alfred Dunhill of London
30 Duke Street
London SW1Y 6DL
Tel: +44-171-499 95 66

Alfred Dunhill of London
Royal exchange
5 Cornhill
London EC3V 3LL
Tel: +44-171-623 99 77

Benson & Hedges
13 Old Bond Street
London W1X 4QP
Tel: +44-171-493 18 25

Burlington Bertie
57 Houndsditch
London EC3A 8AA
Tel: +44-171-929 22 42

G. Smith & Sons
74 Charing Cross Road
London WC2H 0BG
Tel: +44-171-836 74 22

Davidoff
35 St James's Street
London SWA1 1HD
Tel: +44-171-930 30 79

Harrods
Knightbridge
London SW1X 7XL
Tel: +44-171-730 12 34

Jayems
125 Victoria Street
London SW1A 1ES
Tel: +44-171-828 14 72

Havana Club
165 Sloane Street
London SW1X 9QB
Tel: +44-171-245 08 90

James J. Fox
19 St. James's Street
London SW1A 1ES
Tel: +44-171-930 37 87

Walter Thurgood
161-162 Salisbury House
London Wall EC2M 5QD
Tel: +44-171-628 54 37

Wales & Westengland

Bath

Frederick Tranter
5 Church Street
Abbey Green
Bath BA1 1NL
Tel: +44-1225-46 61 97

Cardiff

Lewis Darbey & Co
28-32 Windham Arcade
Mill Lane
Cardiff CF1 1FJ
Tel: +44-122-223 34 43

Mittel- & Ostengland

Birmingham

John Hollingsworth & Son Limited
5 Temple Row
Birmingham B2 5LG
Tel: +44-121-236 77 68

Nottingham

Gauntleys of Nottingham
4 High Street
Nottingham NG1 2ET
Tel: +44-115-11 05 55

Stratford Upon Avon

Lands (Tobacconists) Ltd
Central Chambers
29 Henley Street
Stratford Upon Avon
CV37 6QN
Tel: +44-178-929 25 08

Nordengland

Chester

Tobacco World of Chester
78 Northgate Street
Chester CH1 2HT
Tel: +44-124-434 88 21

Otley

James Barber
33 Kirkgate
Otley LS21 3HN
Tel: +44-194-346 26 03

Schottland

Ayr

Dallings of Ayr
5 Burns Statue Square
Ayr KA7 1SU
Tel: +44-129-226 57 99

Edinburgh

Herbert Love
31 Queensferry Street
Edinburgh EH2 4QU
Tel: +44-131-225 80 82

Schweiz

Die Schweiz ist das Raucherparadies. Es gibt kein Tabakmonopol und keine Rauchverbote, dafür aber die schönsten Zigarren und Geschäfte und die bestmögliche Auswahl für eine kosmopolitische, immer jünger werdende Kundschaft

Basel

Davidoff-Oettinger
Steinenvorstadt 2
4000 Basel
Tel: +41-61-281 87 37

Davidoff – Zum Münsterberg AG
Freie Straße 81
4051 Basel
Tel: +41-61-272 56 86

Intertabak AG
Havana Haus
Aeschenvorstadt 48
4051 Basel
Tel: +41-61-272 57 75

Intertabak AG – Pfeifenwolf
Freie Straße 10
4001 Basel
Tel: +41-61-261 26 86

Bern

Flury AG
Bahnhofplatz 3
3011 Bern
Tel: +41-31-311 37 03

Küttel Tobbaco
Christoffelunterführung
3011 Bern
Tel: +41-31-311 68 12

Genf

Davidoff
Rue de Rive, 2
1204 Genève
Tel: +41-22-310 90 41

Gérard Père et Fils
Noga Hilton
Quai du Mont Blanc, 19
1201 Genève
Tel: +41-22-908 35 35

Raffi Cigares
Place Longemalle, 2–4
1204 Genève
Tel: +41-22-311 97 40

Tabac Rhein
Rue du Mont Blanc, 1
1201 Genève
Tel: +41-22-731 88 56

Lausanne

Maison Besson
Rue de Bourg, 22
1003 Lausanne
Tel: +41-21-312 67 88

Lugano

Leoni Cigares
Via Nassa 66
6900 Lugano
Tel: +41-91-922 70 87

Nyon

Tabac La Couronne SA
Rive, 34
1260 Nyon
Tel: +41-22-361 16 53

Zürich

Casa del Habano
Bleicherweg 18
8002 Zürich
Tel: +41-1-202 12 11

Davidoff
Hotel Savoy
Poststraße 12
8001 Zürich
Tel: +41-1-211 48 00

Pierre Schwarzenbach & Co
Im Hauptbahnhof
8023 Zürich
Tel: +41-1-211 63 25

Spanien

Hier raucht man *puros* wie anderswo Zigaretten. Die Spanier unterhalten zur Zigarre eine natürliche, spontane Beziehung. Wie Käse und Wein in Frankreich sind Zigarren hier ein regelmäßig konsumierter Genußartikel. Niedrige Preise und eine imposante Zahl von Verkaufsstellen sind die positiven Folgen. Als negative Auswirkung ergeben sich Lagerbedingungen, die nicht immer als optimal zu bezeichnen sind.

Alicante

Expendeduría N° 70
Avenida Santander – Centro Commercial Garden – Local 29 – Playa San Juan
03540 Alicante
Tel: +34-65-15 37 31

Badajoz

Expendeduría N° 9
Avenida Santa Marina, 44
06005 Badajoz
Tel: +34-24-23 065 65

Expendeduría N° 11
Calle Vasco Nunez, 10
06001 Badajoz
Tel: +34-24-22 05 57

Barcelona

Barcelona 83
Rosselló, 232
08008 Barcelona
Tel: +34-34-88 05 16

Barcelona 125
L' Estanc de Laietana
Via Laietana, 4
08003 Barcelona
Tel: +34-33-10 10 34

Barcelona 128
Carlos Carrillo Yagüe
Avinguda Catedral, 1
08002 Barcelona
Tel: +34-33-02 79 60

Casa Gimeno
Rambla de les Flors, 100
08002 Barcelona
Tel: +34-33-18 49 47

Bilbao

Estanco Alis
Gran Vía, 24 (Esquina con Astarloa)
48001 Bilbao
Tel: +34-44-24 53 39

Expendeduría N° 22
Licenciado Poza, 41
48011 Bilbao
Tel: +34-44-41 31 39

Gijon

Expendeduría N° 60
Calle Corrida, 27
33206 Gijon
Tel: +34-85-34 16 29

Gírona

Expendeduría de Tabacos N° 3
Rambla Libertat, 15
17004 Gírona
Tel: +34-72 20 33 93

Granada

Expendeduría de Tabacos N° 36
Martinez de la Rosa, 18
18002 Granada
Tel: +34-58-20 52 15

Huesca

Expendeduría de Tabacos N° 14
Avenida Pirineos, 8
22004 Huesca
Tel: +34-74-22 02 07

Irún

Expendeduría N° 14
Centro Commercial – Barrio Behobia
20305 Irún
Tel: +34-43-62 04 27

Léon

Expendeduría N° 13
Plaza Calvo Sotelo, 5
24001 Léon
Tel: +34-87-22 50 81

Expendeduría N° 21
Avenida de Roma, 18
24001 Léon
Tel: +34-87-22 30 97

Logroño

Expendeduría de Tabacos N° 2
Gran Vía, 43
26002 Logroño
Tel: +34-41-22 77 25

Madrid

Casa Central del Tabaco
Alcalá, 44
28014 Madrid
Tel: +34-15-21 04 20

Madrid 218
Estanco Magallanes
Magallanes, 16
28015 Madrid
Tel: +34-14-48 33 45

Pamplona

Expendeduría de Tabacos N° 6
Plaza del Castillo, 35
31001 Pamplona
Tel: +34-48-22 20 46

Salamanca

Expendeduría N° 3
Avenida Alfonso VI, 12-16
37005 Salamanca
Tel: +34-23-22 24 98

San Sebastián

Estanco Agesta
Reina Regente, 5
20003 San Sebastián
Tel: +34-43-42 73 33

San Sebastián 14
Elcano, 8
20004 San Sebastián
Tel: +34-43-42 43 51

Santander

Expendeduría N° 33
Juan de Herrera, 17
39001 Santander
Tel: +34-42-31 31 25

Sevilla

Expendeduría de Tabacos N° 40
Calle Pages del Corro, 117
41010 Sevilla
Tel: +34-54-27 82 44

Torremolinos

Torremolinos 3
San Miguel, 33
29620 Torremolinos (Málaga)
Tel: +34-52-38 03 54

Valencia

Expendeduría de Tabacos N° 52
Moratín, 11
46002 Valencia
Tel: +34-63-52 25 46

Zaragoza

Expendeduría N° 117
Roger de Flor (Los Enlaces)
50017 Zaragoza
Tel: +34-76-31 87 53

Andorra

La casa dels Tabacs
Avinguida le Escaldes Engordany
Tel: +376-82 34 21

La Casa del Habano
Plaça dels Coprínceps – Galerie Hotel Roc Blanc
Escaldes-Engordany
Tel: +376-86 92 55

Frankreich

Frankreichs Götter sind den Zigarrenliebhabern wohlgesonnen! Bei Auswahl, Qualität, Lagerung, Zulieferung, Tabakrestaurants und Tabakläden steht das Land in Europa an vorderer Position. Obendrein wartet es mit verborgenen Schätzen auf. Sie werden allerdings nur von jenen Zigarrenfreunden zu heben sein, denen es gelingt, mit viel Überredungskunst das Versteck aus ihren Besitzern herauszukitzeln.

Agen

Le Rond de Fumée
89, bd de la République
47000 Agen
Tel: +33-5-53-66 08 69

Beaune

A la Havane
5, petite place Carnot
21200 Beaune
Tel. +33-3-80-22 05 04

Biarritz

La Régence
15, place Clemenceau
64200 Biarritz
Tel. +33-5-59-24 39 19

Bordeaux

La Régence
10, cours du XXX-Juillet
33000 Bordeaux
Tel. +33-5-56-81 63 44

Caen

Le Maryland
47, rue de Geôle
14000 Caen
Tel. +33-2-31-85 49 84

Cannes

La Civette Carlton
93, rue d'Antibes
06400 Cannes
Tel. +33-4-93-39 55 07

Colmar

Tabac Obrecht
62, Grand-Rue
68000 Colmar
Tel. +33-3-89-41 87 09

Deauville

Le Deauvillais
20, av de la République
14800 Deauville
Tel. +33-2-31-88 05 88

La Baule

La Régence
313, avenue Marechal de Lattre-de-Tassigny
44500 La Baule
Tel. +33-2-40-24 23 70

Le Havre

Tabac de la Bourse
35, rue Jules-Siegfried
76600 Le Havre
Tel. +33-2-35-41 29 95

La Civette
104, boulevard de Strasbourg
76600 Le Havre
Tel. +33-2-35-42 66 07

Lille

La Tabagie
72, rue Faidherbe
59000 Lille
Tel. +33-3-20-06 37 56

Lisieux

La Civette
51, rue Henri-Chéron
14100 Lisieux
Tel. +33-2-31-62 91 46

Lyon

Le Narval-Lugdunum Cigare
11, avenue de Grande-Bretagne
69006 Lyon
Tel. +33-4-78-93 09 92

Marseille

Le Dôme
4, rue de la République
13001 Marseille
Tel. +33-4-91-90 66 68

Metz

La Civette
4, place du Général de Gaulle

57000 Metz
Tel. +33-3-87-66 89 88

Monaco

Café de Paris
Place du Casino
98000 Monaco
Tel. +33-377-92-16 25 25

Nancy

La Civette des Dom's
57, rue des Dominicains
54000 Nancy
Tel. +33-3-83-35 42 56

Nizza

Flamme et Fumée
16, avenue Félix-Faure
06000 Nice
Tel. +33-4-93-62 18 31

Tabac Teo
2, rue de la Préfecture
06000 Nice
Tel. +33-4-93-85 74 12

Nîmes

Tabac La Havane
38, boulevard Victor Hugo
30000 Nîmes
Tel. +33-4-66-67 49 55

Paris

À la Civette
157, rue Saint-Honoré
75001 Paris
Tel. +33-1-42-96 04 99

La Casa del Habano
169, bd Saint-Germain
75006 Paris
Tel. +33-01-45-49 24 30

Tabac George-V
22, avenue George-V
75008 Paris
Tel. +33-01-47-23 44 75

Le Pot à Tabac
28, rue de la Pépinière
75008 Paris
Tel. +33-1-45-22 29 14

La Boutique 22
22, avenue Victor-Hugo
75116 Paris
Tel. +33-1-45-01 81 41

Maison Lemaire
58, avenue Victor-Hugo
75016 Paris
Tel. +33-1-45-00 75 63

Rouen

Civette Jeanne d'Arc
49, rue Jeanne-d'Arc
76000 Rouen
Tel. +33-2-35-71 01 62

Saint-Jean-de-Luz

Au Grand Vizir
17, place Louis-XIV
64500 Saint-Jean-de-Luz
Tel. +33-5-59-26 38 01

Saint-Sébastien-sur-Loire

Le Concorde
Centre commercial Auchan
2, rue Mendès-Frances
44230 Saint-Sébastien-sur-Loire
Tel. +33-2-40-34 46 79

Saint-Tropez

Tabac Fuchs
7, rue des Commerçants
83990 Saint-Tropez
Tel. +33-4-94-97 01 25

Sarreguemines

Tabac Lehmann
5, rue de l'Église
57200 Sarreguemines
Tel. +33-3-87-98 13 72

Sète

La Civette
12, quai de la Résistance
34200 Sète
Tel. +33-4-67-74 92 79

Strassburg

Pip' Cig-La Fumée Enchantée
14, rue du Vieux-Marché-aux-Poissons
67000 Strasbourg
Tel. +33-3-88-32 60 68

Tabac La Régence
24, rue du 22 Novembre
67000 Strasbourg
Tel. +33-3-88-32 09 12

Toulouse

La Licorne
5, place Rouaix
31000 Toulouse
Tel. +33-5-62-26 25 05

Valenciennes

La Civette
35, place d'Armes
59300 Valenciennes
Tel. +33-3-27-46 15 10

Zigarrengeschäft À la Civette (Zur Zibetkatze) in Paris, 157, rue Saint-Honoré.

Zigarrenrestaurants

Die nachfolgende Liste erhebt keinen Anspruch auf Vollständigkeit. Nicht alle Zigarrenrestaurants werden aufgeführt, doch alle genannten sind gute Speiselokale und führen gute Zigarren im Angebot, wobei das eine mit dem anderen zweifellos eng verknüpft ist.

Ein Buch über die Zigarre ist es sich schuldig, jene Einrichtungen zu nennen, die ihr einen besonderen, wenn nicht den Ehrenplatz einräumen, d. h. die Restaurants, die auch »Zigarrenhäuser« sein wollen, und wohin man zum Rauchen genauso wie zum Essen gehen kann. Seitdem Zigarren wieder in Mode sind, entstanden in zahlreichen Städten Europas innerhalb kurzer Zeit mehrere solcher Lokale. »Speerspitze« des neuen Ziggarenkultes sind Lokalitäten, die als »Casa del Habano« firmieren, ein Titel der vom Kubanischen Zigarrenmonopol im Franchise-Verfahren an bislang 45 Clubs weltweit vergeben wurde.

Deutschland

Bogart's Smoke Lounge Bar & Grill. André P. Schelters setzt im »Bogart's« auf Clubatmosphäre mit dunklem Holz und großen Ledersesseln. In einem 500 Zigarren fassenden Humidor finden sich edle Exemplare aus Kuba, Honduras und der Dominikanischen Republik. Jeder erste Montag im Monat ist einer Smoke-Night gewidmet.
Hartmannstraße 7d, 09111 Chemnitz, Tel: 0371-63 14 60.

Büffet Bar Kull. Zum ständigen Angebot gehören Produkte der Firmen Montercristo, Partagas, Romeo y Julietta und Cohiba. Im Monatsrhythmus finden Zigarrenabende statt, an denen weitere edle Zigarren angeboten werden.
Marienstraße 4, 80335 München Tel: 089-22 15 09.

La Casa del Habano. Die Casa del Habono im Düsseldorfer Vorort Meersbusch ist das unumstrittene Zigarrenparadies Deutschlands. Prachtstück ist der fast 30 m² große Humidorraum unter einem alten Kreuzgewölbe, in dem beste kubansiche Zigarren unter perfekten Bedingungen lagern. Mitgliedern steht dort ein eigenes, abschließbares Fach zur Verfügung.
Poststraße 70, 51143 Meersbusch, Tel: 02132-91 12 94.

Gelbes haus. Die fränkische Pilgerstätte der Cocktail-Freunde und Whisky-Kenner führt ein Angebot feinster Brasil-, Sumatra- und Honduras-Zigarren im Angebot, allesamt aus dem Hause Davidoff.
Fürther Straße/U-Bahnhof Bärenschanze, 90429 Nürnberg, Tel: 0911-26 22 74

Karl Espresso-Bar. Gleich zweimal ist Karl Lücke mit seiner Espresso-Bar am Niederrhein vertreten. *Aficionados* können hier in unmittelbarer Nachbarschaft eines Humidors ihrer Leidenschaft frönen. regelmäßig finden Event-Abende statt.
Lindengalerie im Deutschlandhaus, 45127 Essen, Tel: 0201-22 23 13
Königsallee 60d, Eingang Grünstraße, 40212 Düsseldorf, Tel: 0211-880 01 74

Times Bar Hotel Savoy. Seit April 1998 ist hier, im Klassiker der Berliner Bar-Szene, die zweite offizielle »Casa del Habano« der Bundesrepublik ansässig. In einem begehbaren, mit Zedernholz verkleideten Humidor steht den Gästen eine schier überwältigende Auswahl an Havannas in allen Preislagen zur Auswahl.
Fasanenstraße 9-10, 10623 Berlin, Tel: 030-31 10 30.

CIGAR NIGHTS mit Vier-Gänge-Menü und ausgesuchten Getränken werden in den Hotels der Steigenberger-Kette in Baden-Baden, Berlin, Dresden, Düsseldorf, Duisburg, Frankfurt, Hamburg und Stuttgart veranstaltet. Terminanfragen und Anmeldungen werden von S.T. Dupont Deutschland unter Tel. 02234-953 00 50 entgegengenommen.

FRANKREICH

ALBERT 1° (Hotel). Nicht weit von Genf entfernt. Im ausgezeichnet bestückten Zigarrenschrank dieses hervorragenden Hotels finden sich Havannas der großen Zigarrenmarken La Gloria Cubana, Hoyo de Monterrey, Partagas, Punch, Rafael Gonzalez und Ramón Allones.
119, impasse de Montenvers, 74400 Chamonix, Tel: +33-4-50-53 05 09.

L'AMBROISIE. Der Zigarrenschrank des berühmten Restaurants ist aus Eichenholz und stammt von Elie Bleu. Vor allem Zigarren der drei großen Marken Cohiba, Montecristo und Partagas werden angeboten. Für die Kundschaft gibt es als Service Streichhölzer aus Mahagoni und Zedernholz.
9, place des Vosges, 75004 Paris, Tel: +33-1-42-78 51 45.

L'AMI LOUIS. Das beste, echteste und verrauchteste Bistro von Paris offeriert zu guter, herzhafter Küche die passenden Zigarren. Es sind edle, großformatige Havannas wie die N° 2 von Montecristo, Lusitanias und *Double Coronas* von Partagas oder die Churchills von Punch.
32, rue du Vertbois, 75003 Paris, Tel: +33-1-48-87 77 48.

L'ASSIETTE. Lulu, die Chefin, raucht ausschließlich Zigarren. In einem Schrank aus Plexiglas lagern in ihren Originalkisten Havannas. Das Angebot ist beeindruckend. Es gibt Bolivar Petit Corona, Hoyo des Dieux, Partagas 8-9-8 und Lusitania, Rey del Mundo Choix Suprême, Romeo y Julieta Churchill und Epicure N° 2, Montecristo N° 2, 3, 4, und Especial N° 2 ...
181, rue du Château, 75014 Paris, Tel: +33-1-43-22 64 86.

L'AUBERGADE. Die Zigarren reifen in einem Klimaschrank und werden in einer Truhe aus kubanischem Mahagoniholz präsentiert. Etwa 15 Marken sind in verschiedensten Formaten verfügbar.
52, rue Royale, 47270 Puymirol, Tel: +33-5-53-95 31 46.

LA BELLE ÉPOQUE. An die zehn Formate, vor allem Havannas, und Qualitätszigarren in großer Zahl. Streichhölzer aus Zedernholz.
10, place de la Mairie, 78117 Châteaufort, Tel: +33-1-39-56 21 66.

LE BERJAC. Der Chef des Lokals ist ein großer Liebhaber von Zigarren. 200 Stück sind in 20 Formaten vorrätig: *Robustos* der Marke Cohiba, *Coronas* von Bolivar, Churchills von Hoyo de Monterrey und *Double Coronas* von Punch. Die Zigarren werden in ihren Originalkisten präsentiert, mit Zigarrenscheren geöffnet und mit Zedernholz angezündet.
19, quai Toulmond, 135oo Martigues.

LE BISTRO DU SOMMELIER. Mit Zigarrenwagen von Chez Gérard. Angeboten werden in etwa 30 Formaten nur Havannas, die in ihren Originalkisten präsentiert werden. Man ist ständig bemüht, die Auswahl zu vergrößern. Epicures N° 2 von Hoyo de Monterrey, Montecristo N° 1,2, 4 und 5, *Churchills* von Punch, *Torpedos* von Sancho Panza.
163, rue G.-Bonnac, 33000 Bordeaux, Tel: +33-5-56-96 71 78.

LA CAGOUILLE. Sechs gut gewählte und gut gelagerte Havanna-Marken, dazu ein Cognac-Sortiment, das zum besten von Paris gehört.
10, place Constantin Brancusi, 75014 Paris, Tel: +33-1-43-22 09 01.

LA CASA DEL HABANO ist Laden, Restaurant, Raucherbar und Klub in einem. Im klimatisierten Magazin des Geschäfts lagern über 60 000 *puros*. Die Raucherbar ist ein idealer Ort, um seine Zigarre zu genießen, und dem Klub gehören inzwischen bereits mehrere hundert begeisterte

Zigarrenraucher an.
169, boulevard Saint-Germain, 75006 Paris, Tel: +33-1-47-49 24 30.

LE CUBANA CAFÉ ist das dritte Kuba-Paradies in der französischen Hauptstadt. Auch hier werden in der Inneneinrichtung die Einflüsse der Insel spürbar. Die Truhe im Salon ist ein uraltes Möbelstück und dient als Zigarrenschrank. Die Ledersessel stammen von 1930. Der Havana Club Rum und der Armagnac aus Laberdolive, die man zu einer D4 von Partagas oder einer *Robusto* von Cohiba genießen kann, sind kaum jünger. La Cubana Café ist ein Ort, wo man nie altert.
45, rue Vavin, 75006 Paris, Tel: +33-1-40-46 80 81.

LE DOYEN. Ausgestattet mit schöner Havannatruhe. Man erhält Cohiba (Joyitas, Lanceros, Robustos ...), Hoyo de Monterrey (Hoyo des Dieux, Hoyo du Gourmet, Hoyo du Prince ...), Montecristo (N° 2, N° 3, Especiales ...), Partagas (8-9-8), Romeo y Julieta (Churchills); Zigarillos von Davidoff, *Demi-Tasses* der Marken Rey del Mundo und Romeo y Julieta.
Carré des Champs-Elysées, 75008 Paris, Tel: +33-1-47-42 23 23.

LES ELYSÉES DU VERNET. Ein wunderschöner, dem Raffinement der Einrichtung angemessener Zigarrenschrank. Einige hundert Zigarren werden in etwa 40 Formaten angeboten. Es gibt fast sämtliche Cohibas, mehrere Bolivars, außerdem Hoyo de Monterrey, Montecristo N° 1 bis N° 4, Partagas, Punch, Imperiales de Quai d'Orsay und Churchills der Marke Romeo y Julieta.
Hôtel Vernet, 25, rue Vernet, 75008 Paris, Tel: +33-1-44-31 98 00.

FAUCHER. Drei Zigarrenschränke mit Epicures N° 2, Hoyo des Dieux und Churchills der Marke Hoyo de Monterrey, N° 2 (*Torpedo*) und D 4 von Montechristo, *Double Coronas* von Partagas sowie viele andere Formate.
123, avenue de Wagram, 75017 Paris, Tel: +33-1-42-27 61 50.

LA FENIÈRE. Jeden Morgen füllt der Chef die Zigarrentruhe mit dem »Tagesmenü« und läßt sie im Saal aufstellen. Wird eine Zigarre bestellt, holt er sie aber aus der Originalkiste im Lager, um »sicher zu gehen, daß der Geschmack durch nichts verfälscht ist«. Es werden u. a. eine Auswahl an Havannas der Marken Bolivar, Montecristo, Partagas und Romeo y Julieta angeboten.
9, rue du Grand Pré, 84160 Lourmarin, Tel: +33-4-90-68 11 79.

LE FLORIDITA erinnert an das gleichnamige Lokal in Havanna, wo Hemingway bis zu seinem Tode Stammkunde war. Edelhölzer, blauer Granit und andere wertvolle Materialien schaffen ein elegantes Ambiente, das raffiniert in Bar, Rauchersalon und Speisesaal gegliedert wurde. Der Zigarrenschrank stammt von der Genfer Firma Gérard und enthält ausschließlich Havannas.
19, rue de Presbourg, 75116 Paris, Tel: +33-1-47-00 84 84.

GEORGES BLANC. Ein Angebot an Zigarren, das diesem großen Hause entspricht. Fast alle guten Havannas sind erhältlich und dank sorgfältigster Behandlung in einem ausgezeichneten Zustand. Fehlende Exemplare sind auf Lieferschwierigkeiten zurückzuführen.
01540, Vonnas, Tel: +33-4-74-50 90 90.

LE JULES VERNE. Der Designer Slavik hat das Lokal eingerichtet, inkl. der extravaganten dreistöckigen Zigarrentruhe mit einer großen Auswahl an Havannas und dominikanischen Zigarren.
Tour Eiffel, 2. Etage, 75007 Paris, Tel: +33-1-45-55 61 44.

LUCAS CARTON. Bei Lucas gibt es einen aus Edelhölzern gefertigten Zigarrenschrank von Elie Bleu für abends und einen für tagsüber aus Plexiglas. Ausschließlich Havannas werden angeboten, darunter die vollständige Cohiba-Serie, viele Montecristos, die 8-9-8 von Partagas und viele andere.
9, place de la Madeleine, 75008 Paris, Tel: +33-1-42-65 22 90.

15-MONTAIGNE. Das Lokal befindet sich auf dem Dach des Théatre des Champs-Elysées und bietet u.a. Cohiba (Esplendidos, Lanceros, Robustos), Montecristo (N° 2 bis N° 5, Especiales N° 2), Partagas (8-9-8), Hoyo de Monterrey, Punch und Romeo y Julieta in *Churchill*-Formaten.
15, avenue Montaigne, 75008 Paris, Tel: +33-1-47-23 55 99.

Le Paris. Zigarrenschrank mit Präsentierflächen, die kleinen Formate unten, die großen oben. Angeboten wird eine Auswahl an Havannas: Cohiba (Robusto und Esplendidos), Bolivar (*Churchills*), La Gloria Cubana (*Lonsdales*), Hoyo de Monterrey (Epicures), Montecristo (N° 1, 2, 3, Especiales N° 2), Romeo y Julieta (Churchills und kleine Formate). Perfektes Lüftungssystem.
Hôtel Lutetia, 43, boulevard Raspail, 75006 Paris, Tel: +33-1-49-54 46 46.

Le Prieuré. An die fünfzig Formate. Gut gelagert. Havannas und andere Zigarren.
Chênehutte-les-Tuffeaux, 49350 Gennes, Tel: +33-2-41-67 90 14.

Prunier-Traktir. Ein halbes Dutzend Havanna-Marken, schön präsentiert. Cohiba in *Robusto*-Format, Montecristo N° 1, 2, 3, Especiales N° 2 und Joyitas, Churchills von Romeo y Julieta und El Rey del Mundo. Außerdem Zigarren aus der Dominikanischen Republik: Davidoff, Credo, u. a.
16, avenue Victor Hugo, 75016 Paris, Tel: +33-1-44-17 35 85.

Le Vieux Moulin. Ein wunderbares Lager mit 1000 Zigarren sowie zwei Truhen für die vortrefflichen Mischungen. Es gibt u. a. Esplendidos von Cohiba, 8-9-8 und D4 von Partagas.
21420 Bouilland, Tel: +33-3-80-21 51 16.

Le Voltaire Schon immer »in« gewesen. Tragbarer Humidor. Angeboten werden u. a. D4, 8-9-8 und Lusitanias von Partagas, Molinos und Non Plus von Sancho Panza.
27, quai Voltaire, 75007 Paris, Tel: +33-1-42-61 17 49.

Belgien

Bruneau. An die dreißig Formate. Senkrechter Luftabzug.
73-75, avenue Broustin, Brüssel-Ganshoren, Tel: 32-2-427 69 78.

La Maison de Maître. Das Angebot an Zigarren in diesem hervorragenden Restaurant eines Palasthotels zeichnet sich vor allem durch seine Cohibas und Partagas aus.
Hôtel Conrad, 77, avenue Louise, Brüssel, Tel: 32-2-542 47 16.

La Maison du Cygne. Einmalig durch seine Ausstattung und das riesige Angebot. Erhältlich sind Partagas Royal, die kompletten Serien der Marken Cohiba und Montecristo, Zigarren der Marke Romeo y Julieta, Royals von Punch. Aus der Dominikanischen Republik fast alle Davidoffs.
9, Grand-Place, 1000 Brüssel, Tel: 32-2-511 82 44.

Schweiz

Le Chat Botté. Das Angebot wirkt bescheiden und wenig vielfältig. »Genf ist eine der großen Zigarrenstädte, die Etuis der Kunden sind meistens voll, weshalb wir wenige, dafür aber sehr gute Produkte anbieten«, erklärt man hierzu im Chat Botté. Die Auswahl mit etwa sechs Formaten kommt von der Firma Gérard. Sie ändert sich oft und hält manche Überraschungen bereit.
13, quai du Mont Blanc, Genf, Tel: 41-22-731 65 32.

Le Cygne. Havannas und dominikanische Zigarren in klassischer Auswahl.
Hôtel Noga-Hilton, 19, quai du Mont Blanc, Genf, Tel: 41-22-908 90 85.

Girardet. In diesem Haus, das von weither Besucher anzieht, macht in einem fahrbaren Zigarrenschrank von Davidoff die »Sélection des sélections« von Gérard die Runde.
1, route d'Yverdon, 1023 Crissier, nahe Lausanne, Tel: 41-21-634 05 05.

DANKSAGUNG

Der Herausgeber möchte allen seinen Dank aussprechen, die das Entstehen dieses Buches möglich gemacht haben.

Für den Text: Eric Deschodt und Philippe Morane. Für die Fotos: Patricia Canino, Karine Veyrunes und Jacques Boulay.

Für die freundliche Unterstützung: Jean-Dominique Comolli, Vorstandsvorsitzender der Seita; Raymond Scheurer, Vizepräsident von Corporate Communication Davidoff; Roberto Yaech, Coprova, Josep Maria Cases von der Franc-Port AG.

Dank auch an: Marie-Claire Adès, Konservatorin Musée-Galerie Seita; Carlos Amado Blanco, Generaldirektor Intertabak AG; Antoni Armengol Vila, La Casa dels Tabacs Andorra; Emmanuel d'Arthuys, Geneviève Barachon, Coprova; Patrick Benoist, AREA Director Western Europe Tabacalera, Frankreich; Louis-Gérard Biret, Casa del Habano, Paris; Daniel Campion, Marketing- und Verkaufsdirektor Seita; Simon Chase, Hunters & Frankau, London; Teresa Conesa Fabregues, Leiterin Presseabteilung Tabacalera, Madrid; Nicolas Freeman, Hunters & Frankau, London; Vahé Gérard, Direktor von Gérard Père et Fils, Genf; Patrice Gréber, Direktor Davidoff, Frankreich; Fritz Maeder; Danielle Masson, Dokumentar Musée-Galerie Seita; Helmut Newton; Eric Nussbaum, Konservator Cartier-Sammlung, Genf; Isabelle Ockrent, Leiterin Pressestelle Seita; Françoise Pace; Marcelle Piaulet; Liliane Sabatini, Konservatorin Musée Wallon, Lüttich; Antoinette Schmied, Konservatorin Musée de la Pipe et du Tabac, Lausanne; Howard Smith, Konservator Dunhill-Museum, London; Alice Springs; Jean-Michel Tardy; Véronique Van de Ponseele, Konservator Musée d'Histoire Naturelle, Paris; Luc Vercammen, Generaldirektor Etablissements Suter; Bruno Vuaille, Direktor Zigarrenabteilung Seita und Norbert Wiedemer.

BILDNACHWEIS

ARNAUD BAUMANN: 162, 163; THE BETTMANN ARCHIVE: 24, 129; BIBLIOTHÈQUE CENTRALE DU MUSÉUM NATIONAL D'HISTOIRE NATURELLE, PARIS: 21; BILIBOTHÈQUE NATIONALE ESTAMPES: 17, 23, 25, 30, 31, 70, 77, 157; BIBLIOTHÈQUE FORNEY, PARIS: 3, 50, 107, 109, 135, 146, 172, 174, 175; BIBLIOTECA DEL VATICANO: 28, 29; JACQUES BOULAY: Umschlag, 2, 64, 86, 94, 136, 181, 182, 183, 187, 202; BRIDGEMAN-GIRAUDON: 61, 97; PATRICIA CANINO: 6, 7, 8, 9, 53, 57, 60, 143, 148, 193, 216; COLLECTION CAHIERS DU CINÉMA: 153; COLLECTION ANCIENNE CARTIER, GENF: 208, 209, 211, 215; COLLECTION CHRISTOPHE L.: 150, 151, 155; WALLACE COLLECTION, LONDON: 61; COPYRIGHT ARCHIVES/MATTHIEU PRIER: 205; DR: 10, 19, 25, 38, 39, 43, 73, 82, 83, 87, 90, 91, 102, 137, 152, 190, 203, 220; ALFRED DUNHILL ARCHIVE COLLECTION, LONDON: 99, 199, 200, 206, 209, 211, 212, 215; GALERIE TRETIAKOV, MOSKAU: 97; GARCÍA/DAVIDOFF ETTINGER: 185; GAVIN GRAHAM GALLERY, LONDON: 51; HR. GÉRARD: 196; GIRAUDON: 77, 104, 105; N.P.G.-GIRAUDON: 65; PATRICK GLAIZE: 12, 114, 115; JÜRG HAFEN, BERN: 116, 118, 184; A. KERTESZ/MINISTÈRE DE LA CULTURE (FRANKREICH): 156; THE KOBAL COLLECTION: 164; LAUROS-GIRAUDON: 32, 33, 51, 78; MAGNUM PHOTOS: 88, 89 (BURT GLINN/MAGNUM), 93 (RENÉ BURRI/MAGNUM), 95, 158, 159 (PHILIPPE HALSMAN/MAGNUM), 213 (CARTIER BRESSON/MAGNUM); MUSÉE D'ART WALLON, LÜTTICH: 37, 40, 41; MUSÉE CARNAVALET, PARIS: 70, 74, 78; MUSÉE D'ORSAY, PARIS: 32, 33; MUSÉE DE LA PIPE ET OBJETS DU TABAC, LAUSANNE: 218; MUSÉE TOULOUSE LAUTREC, ALBI: 77; FÉLIX NADAR/CAISSE NATIONALES DES MONUMENTS HISTORIQUES ET DES SITES: 48, 69, 71, 72; NATIONAL PORTRAIT GALLERY, LONDON: 65; HELMUT NEWTON: 144; RÉUNION DES MUSÉES NATIONAUX: 171; ROGER-VIOLLET: 70, 74, 75, 149; MAURICE ROUGEMONT/AGENCE GAMMA: 161; AUGUST SANDER: 91, 170, 173; MUSÉE DE LA SEITA, PARIS: 5, 7, 14, 15, 16, 20, 26, 27, 31, 34, 35, 36, 42, 43, 44, 45, 46, 47, 49, 52, 54, 55, 56, 58, 59, 62, 63, 66, 67, 68, 76, 79, 80, 81, 84, 92, 96, 98, 133, 134, 154, 160, 167, 168, 174, 175, 177, 180, 183, 204, 207, 208, 209, 210, 211, 214, 217, 218; KARINE VEYRUNES: 100, 101, 106, 108, 111, 114, 115, 116, 117, 119, 120, 121, 122, 123, 124, 125, 126, 127, 128, 130, 131.